L'ordinateur à la portée de tous

La bible du PC

Par Thierry Cumps

Préambule

Quel que soit votre métier, vous aurez sans doute besoin d'avoir de bonnes connaissances en informatique. Mais si vous souhaitez travailler à distance (télétravail), c'est-à-dire chez vous sur votre ordinateur, vous aurez besoin de solides connaissances en informatique et c'est le but de ce livre que de vous aider à acquérir ces connaissances.

Je m'appelle Thierry Cumps et je suis informaticien depuis 1983.
J'ai exercé pratiquement tous les métiers de l'informatique et de l'internet et ce n'est pas le premier livre sur l'informatique que je publie.
Comme d'habitude, je vais essayer de simplifier au maximum afin que mon livre soit le plus accessible à tout le monde.

J'ai décidé que ce manuel serait réactualisé régulièrement en fonction des nouveautés sur le plan technique mais aussi en fonction de vos demandes. Aussi, je vous invite à m'écrire à l'adresse email de mon association cumps.association@gmail.com
Je vous remercie d'avance pour vos contributions.

L'auteur s'autorise à apporter des modifications à ce livre à tout moment afin de :
1.   Corriger d'éventuelles erreurs
2.   Apporter des compléments d'information
3.   Répondre à l'attente de ses lecteurs.

Depuis le 3 mars 2012, l'association pour la visibilité sur internet dispose d'un blog dont l'adresse est :
http://cumps-association.blogspot.com/

Ce livre a été mis à jour le 26/09/2021

Vous trouvez d'autres informations sur mon blog : http://manuels-informatiques.blogspot.com

Bonne lecture !
Thierry Cumps

Table des matières

L'ordinateur à la portée de tous

C'est quoi internet ?

L'internet est un gigantesque réseau puisqu'il couvre la totalité du globe terrestre et permet de communiquer entre nous au moyen d'une simple connexion internet.

C'est à fin des années 60 et au début des années 70 que le continent américain, décide créer un réseau permettant l'interconnexion (intégration d'un ensemble par des connexions) de site informatique sur tout le pays. Ce réseau fut appelé Arpanet, il était le précurseur d'Internet.

Vinton Cerf et Robert Kahn sont deux chercheurs qui inventaient, au sein de la DARPA, en 1974 le protocole IP, à la base de tout échange de données sur le réseau. Ils sont considérés comme les pères fondateurs d'Internet. La DARPA (Defense Advanced Research Projects Agency) est une agence du département de la

Défense des États-Unis chargée de la recherche et développement des nouvelles technologies destinées à un usage militaire.

Internet est contrôlé par 14 personnes qui détiennent 7 clés secrètes. Si quelqu'un devait prendre le contrôle de la base de données ICANN, cette personne pourrait contrôler Internet. Par exemple, elle pourrait envoyer des gens sur des sites Web bancaires frauduleux au lieu de les diriger vers les vrais sites. L'ICANN est parvenu à une solution qui permet de ne pas donner le contrôle à une seule personne. Ils ont sélectionné sept personnes qui chacune détient une clé, bien réelle. Puis, ils ont sélectionné sept autres personnes en tant que sauvegarde : 14 personnes en tout.

Depuis 2010, quatre fois par an, les sept détenteurs de clé se réunissent lors de la cérémonie des clés durant laquelle ils génèrent une nouvelle clé principale, c'est-à-dire un nouveau mot de passe

Microsoft Windows

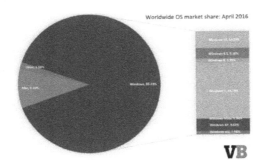

En avril, Windows détenait 89,23 % du marché mondial des OS. C'est la première fois que ce chiffre chute en dessous des 90 %.

89,23 % de parts de marché mondial des systèmes d'exploitation. Un chiffre historique puisque, pour la première fois depuis son apparition sur le marché de l'informatique personnelle, Windows passe sous la barre des 90 %. C'est ce que révèlent les dernières statistiques de Net Applications relayées par VentureBeat.

Windows est le système d'exploitation qui est installé sur votre ordinateur personnel.

C'est la société IBM qui a inventé le premier PC. Les initiales « PC » signifient « Personal Computer ».

Pour la petite histoire, IBM voulait demander à la société Digital Research - entreprise informatique fondée en 1974 par Gary Kildall – de créer un système d'exploitation pour son IBM PC.

Digital Research est à l'origine du système d'exploitation CP/M (CP/M était la cause de la fondation de la société) et IBM voulait installer CP/M sur son PC mais Gary Kildall a refusé le rendez-vous fixé par IBM parce qu'il avait décidé ce jour-là d'aller jouer au golf.

Vexé, le directeur d'IBM s'est tourné vers une petite société de logiciels encore inconnue, il s'agissait de Microsoft dirigé par Bill Gates. Pour IBM et son PC, Microsoft a créé PC-DOS qui était une espèce de clone de CP/M.

La vente des IBM-PC a été un tel succès, que Microsoft a lancé son MS-DOS, clone de PC-DOS et les fournisseurs de matériels ont décidé eux aussi de se lancer sur le marché des PC en construisant des compatibles PC. Les compatibles PC étaient livrés avec MS-DOS alors que les IBM-PC étaient livrés avec PC-DOS. Dans tous les cas, Microsoft était le grand gagnant.

Quand Microsoft a lancé son environnement graphique baptisé Windows, il n'a fait que suivre ses prédécesseurs : Xerox Alto, Apple Lisa et l'environnement GEM de Digital Research.

Aujourd'hui Microsoft veille à ce que chaque PC soit livré avec son système d'exploitation Windows. Microsoft détient environ 90% de part du marché des systèmes d'exploitation pour ordinateurs personnels. Le reste est partagé entre Apple et son Mac et les distributions Linux (dérivés du système Unix). A l'époque de PC-DOS et MS-DOS, on trouvait d'autres OS. (Operating System = Système d'exploitation) comme DR-DOS, Prologue, Multilog, Gem, OS2, Xenix, etc.

Nom du système d'exploitation	Microsoft Windows 10 Famille
Version	10.0.18362 Numéro 18362
Autre description du système d'exploitation	Non disponible
Fabricant du système d'exploitation	Microsoft Corporation

La version actuelle de mon PC est Windows 10 Famille.

Le PC ou Ordinateur Personnel

Le PC ou ordinateur personnel est un outil merveilleux et en ce qui me concerne irremplaçable. A la maison, j'en possède plusieurs, ce sont tous des ordinateurs portables car j'estime qu'il n'y a plus grand intérêt à posséder un ordinateur de bureau.

Sans l'ordinateur portable, je ne serais pas en train d'écrire ce livre actuellement car je me vois mal taper un texte de plusieurs pages sur une tablette ou sur un smartphone.

Il est possible qu'un jour les ordinateurs tels que nous les connaissons (écran + clavier) ne deviennent obsolètes car on aura inventé une nouvelle interface homme – machine du genre mais en attendant je vais vous faire part de mes connaissances sur nos ordinateurs de notre époque (fin 2019 en ce qui me concerne).

Les périphériques informatiques

De nos jours, une imprimante multifonction sait imprimer, scanner et fait aussi des photocopies.

Un périphérique informatique est un dispositif connecté à un système de traitement de l'information central et qui ajoute à ce dernier des fonctionnalités

Périphériques d'entrée : servent à fournir des informations (ou des données) au système informatique. Exemples : clavier, souris, scanner, webcam, micro...

Périphériques de sortie : servent à faire sortir des informations du système informatique. Exemples : écran, imprimante, casque.

Comme périphériques d'entrée, je dispose chez moi de différents claviers (clavier us, russe, thaï et français). Je dispose aussi de souris (je préfère les filaires, je n'aime pas les sans-fil). Mon imprimante fait aussi scanner. Et j'ai également plusieurs micros.

Comme périphériques de sorties, je dispose d'une imprimante multifonction et de casques. Je n'ai aujourd'hui que des PC portables et aucune tour (PC de bureau), par conséquent, les écrans font parties de mes ordinateurs.

Quel ordinateur choisir

Après avoir été un adepte de HP et de Dell, je préfère désormais les ordinateurs de la marque MSI comme ma grosse tour de gamer mais si vous voulez un portable, vous pouvez aussi trouver votre bonheur avec la marque MSI.

La seule marque d'ordinateur que je ne conseille pas, c'est ASUS. Leurs ordinateurs sont défectueux et leur SAV est minable. Je ne conseille pas non plus les processeurs AMD, je suis désormais fidèle à Intel pour les processeurs de mes ordinateurs.

Micro-Star International, Co. Ltd., plus connu sous sa marque MSI, est une société basée à Taïwan fondée en 1986. La société fait partie des trois premiers constructeurs de matériels informatiques au monde, essentiellement spécialisée dans l'ordinateur de jeu.

Les ordinateurs MSI sont des ordinateurs de professionnels donc ils sont chers. Si vous n'avez pas trop d'argent à dépenser, vous pouvez toujours acheter du Dell, du HP ou de l'Acer.

Pour acheter un ordinateur, je conseille désormais l'achat en ligne sur les sites internet de Cdiscount.com ou de Amazon.fr

Si comme moi, vous prenez un processeur Intel pour vos PC, prenez du I5, I7 ou I9. Ma tour a un processeur I9. Mes PC portables ont des processeurs I5 ou I7.

Si vous n'avez pas assez d'argent pour acheter un ordinateur équipé d'un processeur Intel, vous pouvez toujours prendre un Pc équipé d'un processeur AMD.

Le PC de gamer

Si vous voulez jouer à tous les jeux vidéos ou faire du montage vidéo, vous devez alors avoir un PC de gamer, c'est-à-dire un ordinateur super puissant comme celui que j'ai acheté fin 2020 sur le site Cdiscount.com
Le voici :

Cette tour MSI est un monstre de vitesse. Depuis que je l'ai eu, je n'ai pas à me plaindre. Contrairement à mes PC portables, ce PC n'a jamais planté, il démarre très rapidement, il exporte mes vidéos très vite, bref, j'en suis très satisfait.

Avec cette tour, j'ai également acheté un écran, un clavier et une souris de gamer.

L'écran incurvé permet d'être immergé dans le jeu.
C'est également un atout lorsqu'on fait du montage vidéo.

Pour terminer, il ne vous manquera que le fauteuil de gamer afin de pouvoir rester longtemps devant votre ordinateur sans avoir mal au dos.

Chaise de bureau gaming - Simili noir - L 58 x P 70 x H 98-116 cm – ARK vendu entre 80 et 130 euros sur Cdiscount.com

Eléments clés d'un ordinateur

Un ordinateur est composé d'un écran (exemple 15 ou 17 pouces), d'un clavier (généralement Azerty), d'une carte mère intégrée dans l'ordinateur, d'un disque dur (500 Go ou 1 To), d'une carte graphique (ou carte vidéo), d'un lecteur DVD (pour les PC de 17 pouces), d'un ventilateur, d'une alimentation électrique et on rajoute généralement des périphériques (accessoires) comme une souris et une imprimante.

La carte mère est la carte centrale de l'ordinateur. Elle contient entre autres le processeur (Intel ou AMD), la mémoire (RAM), etc.

C'est l'un des éléments les plus couteux de l'ordinateur.

Si vous achetez un ordinateur de bureau (une tour), vous pourrez l'ouvrir par exemple pour enlever la poussière qui s'y est introduite.

Par contre, si vous achetez un ordinateur portable, il vous est défendu de l'ouvrir car c'est une violation de la garantie constructeur.

J'ai longtemps été un fervent défenseur des ordinateurs de bureau avant de passer définitivement du côté des ordinateurs portables.

Ce qui me semble le plus important, c'est le confort que vous pouvez avoir dans l'utilisation de votre ordinateur (PC). Ce confort dépend de la taille de l'écran mais aussi de la rapidité qu'à l'ordinateur à afficher les informations. Pour cela, il faut que l'ordinateur ait un processeur assez puissant, suffisamment de mémoire vive (RAM) et bien sûr une bonne connexion internet quand vous surfez sur le web.

Le disque dur

Elément clé de l'ordinateur, le disque dur permet de stocker à la fois vos programmes, vos fichiers que ce doit des vidéos, des fichiers MP3 de musique, des PDF, des fichiers Word, etc.

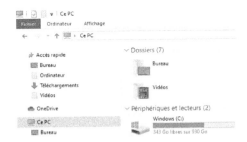

Comme dans la plupart des PC, le disque dur de l'ordinateur est représenté par la lettre C :

Si vous faites un clic droit sur l'icône du disque c, vous obtenez le menu contextuel ci-dessus à quelques exceptions près car j'ai sans doute des programmes en plus que vous n'avez pas.

Ci-dessus, j'ai choisi d'afficher les propriétés du disque C.

Il est très important que le disque principal de votre ordinateur ne soit jamais plein (jamais dans le rouge).

Je pourrai vous en dire plus que ce que l'on peut faire mais pour un usage normal, il n'est pas trop utile d'en savoir plus. Tout au plus, vous pourriez être amené sur un PC un peu ancien à rechercher des erreurs, puis à le défragmenter afin de rendre l'accès au disque dur un peu plus rapide.

Surveillez la jauge de la batterie

La jauge de la batterie d'un ordinateur portable se trouve en bas à droite sur la barre des tâches.

Lorsque vous placez la souris au-dessus de l'icône, vous pouvez voir le pourcentage de charge de la batterie.

Si la batterie descend en dessous de 30%, il est temps de brancher votre PC portable sur secteur.

Si la batterie arrive à 100% de charge, il est temps de débrancher l'alimentation secteur de votre PC portable afin de faire durer au maximum votre batterie.

Informations Système / msinfo32

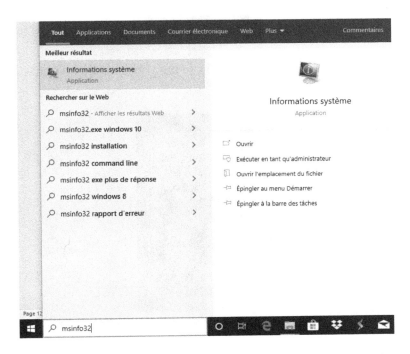

Tapez msinfo32 dans la barre de recherche à côté du bouton démarrer de Windows lorsque vous voulez obtenir des informations sur la configuration de votre PC.

Pas besoin de retenir msinfo32, il existe une autre façon d'arriver au même résultat. Cliquez sur le bouton du menu Démarrer puis descendre avec la souris jusqu'à « Outils d'administration Windows ». Cliquez vers la flèche vers le bas pour développer le sous-menu.

Lorsqu'on clique sur la flèche vers le bas, on déroule un sous-menu.

J'ai obtenu les informations ci-dessous sur mon ordinateur. Et ceci est uniquement le résumé système. Dans les informations que je juge les plus importantes, ce sont le type de processeur et la mémoire vive (RAM).

Fichier   Edition   Affichage   ?

Résumé système	Élément	Valeur
Ressources matérielles	Nom du système d'exploitation	Microsoft Windows 10 Famille
— Conflits/Partage	Version	10.0.18362 Numéro 18362
— DMA	Autre description du système d'exploitation	Non disponible
— Matériel requis	Fabricant du système d'exploitation	Microsoft Corporation
— E/S	Ordinateur	LAPTOP-TLLG7NRD0
— IRQ	Fabricant	HP
— Mémoire	Modèle	HP Pavilion Notebook
Composants	Type	PC à base de x64
— Multimédia	Référence (SKU) du système	4JX07EA#ABF
— CD-ROM	Processeur	Intel(R) Core(TM) i5-8300H CPU @ 2.30GHz, 2304 MHz, 4 cœur(s), 8 processe...
— Périphérique audio	Version du BIOS/Date	AMI F.22, 29/11/2018
— Affichage	Version SMBIOS	3.2
— Infrarouge	Version du contrôleur embarqué	3.06
— Entrée	Mode BIOS	UEFI
— Modem	Fabricant de la carte de base	HP
— Réseau	Produit de la carte de base	84ED
— Ports	Version de la carte de base	08.06
— Stockage	Rôle de la plateforme	Mobile
— Impression	État du démarrage sécurisé	Activé
— Périphériques à problème	Configuration de PCR 7	Élévation requise à afficher
— USB	Répertoire Windows	C:\WINDOWS
Environnement logiciel	Répertoire système	C:\WINDOWS\system32
— Pilotes système	Périphérique de démarrage	\Device\HarddiskVolume1
— Variables d'environnement	Option régionale	France
— Travaux d'impression	Couche d'abstraction matérielle	Version = "10.0.18362.387"
— Connexions réseau	Utilisateur	LAPTOP-TLLG7NRD0\thier
— Tâches en cours	Fuseaux horaires	Paris, Madrid
— Modules chargés	Mémoire physique (RAM) installée	8,00 Go
— Services	Mémoire physique totale	7,81 Go
— Groupes de programmes	Mémoire physique disponible	3,88 Go
— Programmes de démarrage	Mémoire virtuelle totale	12,6 Go
— Inscription OLE	Mémoire virtuelle disponible	7,09 Go
— Rapport d'erreurs Windows	Espace pour le fichier d'échange	4,75 Go
	Fichier d'échange	C:\pagefile.sys
	Protection DMA du noyau	Désactivé
	Sécurité basée sur la virtualisation	Désactivé
	Prise en charge du chiffrement d'appareils	Élévation requise à afficher
	Hyper-V - Extensions du mode de moniteur de...	Oui
	Hyper-V - Extensions de la conversion des adr...	Oui
	Hyper-V - Virtualisation activée dans le micropr...	Oui
	Hyper-V - Protection de l'exécution des données	Oui

27

Le panneau de configuration

Le panneau de configuration est une partie de l'interface graphique de Windows qui permet aux utilisateurs de visualiser et modifier les paramètres basiques du système d'exploitation, tel que l'ajout de périphérique, l'ajout et la suppression de logiciel, le contrôle des comptes Windows, le paramétrage de l'accessibilité, etc.

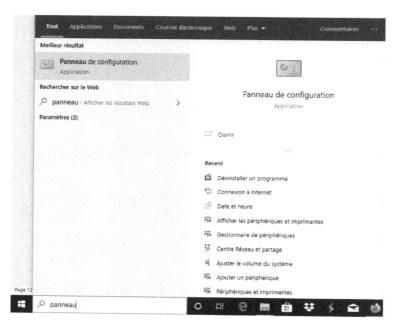

Pour accéder au Panneau de configuration, il suffit de commencer à taper panneau sur la zone de recherche à côté du bouton démarrer.

Le panneau de configuration peut être affiché de 3 façons différentes : par catégorie, grandes icônes ou petites icônes.

Ce panneau de configuration vous sera bien utile, que ce soit pour désinstaller un programme ou encore pour créer un nouveau profil utilisateur.

Les comptes utilisateurs

Lorsque vous êtes plusieurs à utiliser le même ordinateur, il est préférable de créer un compte utilisateur pour chacun.

Si vous êtes seul à utiliser votre ordinateur, vous pouvez aussi créer un deuxième compte utilisateur au cas ou votre premier compte serait virussé (inutilisable à cause d'une infection par exemple).

Pour cela, vous devez aller dans « Panneau de configuration », puis cliquer sur « Comptes d'utilisateurs ».

Ci-dessus, les comptes que j'ai déjà créé sur mon ordinateur.

Il y a un compte Windows (Thierry Cumps) et 2 comptes locaux (SOS et Thierry).
Remarquez que les 3 comptes ont le pouvoir d'administrateur, cela signifie qu'ils ont tous les droits sur ce PC.

Pour créer un nouveau compte, il faut cliquer sur « Gérer un autre compte ».

Puis, cliquer sur Ajouter un utilisateur dans les paramètres de l'ordinateur.

Famille et autres utilisateurs

Votre famille

Vous pouvez autoriser les membres de votre famille à se connecter à ce PC. Les adultes peuvent gérer les paramètres de famille en ligne et consulter l'activité récente, afin de garantir la sécurité de vos enfants.

 Ajouter un membre à la famille

Autres utilisateurs

Autorisez des utilisateurs qui ne font pas partie de votre famille à se connecter avec leur propre compte. Ils ne seront pas ajoutés à la liste des membres de votre famille.

 Ajouter un autre utilisateur sur ce PC

 SOS
Administrateur - Compte local

 Thierry
Administrateur - Compte local

Voici les choix que vous avez lorsque vous créer un compte utilisateur.

En cliquant sur Ajouter un autre utilisateur sur ce PC, on peut soit renseigner son adresse email, soit créer un compte local en cliquant sur « Je ne dispose pas des informations de connexion de cette personne ».

Un compte Microsoft est un compte disposant d'une même adresse mail et d'un mot de passe vous garantissant l'accès sur n'importe quel PC du moment qu'il y ait une connexion internet.

Un utilisateur sans compte Microsoft est un compte local et donc un accès (login + mot de passe) utilisable sur ce seul PC.

Si je crée un nouvel utilisateur, ce sera un utilisateur avec des droits standards et je devrais revenir ensuite dessus pour modifier ses droits si je veux qu'il soit administrateur.

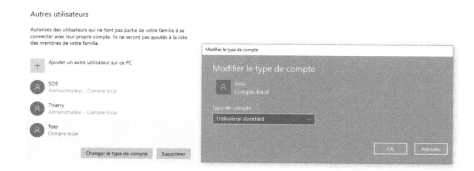

J'ai créé un utilisateur local qui se nomme Toto et qui est un simple utilisateur standard.

Il est très facile de le faire passer en Administrateur.

Accessoires Windows

Les accessoires Windows, ce sont de petits programmes accessibles à partir du bouton Démarrer et qui sont bien utiles comme le bloc-notes, l'outil capture d'écran et le Windows Media Player.

Epingler sur la barre des tâches

La barre des tâches, c'est la barre qui se trouve en bas de l'écran du PC. Lorsqu'un logiciel est ouvert comme le traitement de texte Word, une icône de Word figure dans la barre des tâches.

Mais vous pouvez aussi ajouter des icônes de logiciels dans cette barre des tâches afin de pouvoir les lancer d'un simple clic.

Il suffit de chercher le logiciel dans la liste des programmes du menu Démarrer, et de faire un clic droit sur l'icône – Plus – Et ensuite cliquer sur Epingler à la barre des tâches.

Un clic droit sur une des icônes de la barre des tâches permet de détacher le logiciel de cette barre et donc de l'y faire disparaître.

Astuces

Dans les logiciels qu'offre Windows, il y en a qui s'appelle Astuces.
Allez dans le menu Démarré et cliquez sur le bouton Astuces pour voir ce qu'il comporte.

Ajouter un emoji à partir de votre clavier

Exprimez-vous où et comme vous le voulez. Appuyez sur la **touche de logo Windows** + **point** (.) pour ouvrir un panneau d'emoji. Utilisez des kaomojis pour créer des visages avec du texte et des symboles, tels que la ponctuation et les signes de devises, pour faire sensation.

Exemple d'astuce que j'aime beaucoup : « Windows + . » pour afficher des icônes prêtes à être insérées où on veut.

38

Ouvrir l'Explorateur de fichiers rapidement

Appuyez sur la **touche de logo Windows** ⊞ + **E**, puis ouvrez le dossier souhaité dans l'Explorateur de fichiers.

Afficher plus de raccourcis clavier

Une autre astuce pratique : cliquez sur l'icône « Windows + E ».

Autre astuce très connue : Copier – Coller : Ctrl C et Ctrl V

Et également Couper – Coller : Ctrl X et Ctrl V

Pour basculer entre des fenêtres ouvertes : maintenez la touche Alt enfoncée, appuyez à plusieurs reprises sur Tab jusqu'à ce que la fenêtre souhaitée soit sélectionnée, puis relâchez la touche Alt.
La touche Tab se situe au-dessus de la touche verrouillage numérique. Sur certains claviers, le mot Tab n'est pas écrit.

Renommer un PC

Les ordinateurs que l'on achète sont livrés avec des noms qui ne signifient rien pour nous comme par exemple LAPTOP-TLLG7NRO ou LAPTOP-BB1640FD

Je gère chez moi environ 5 PC (presque tous des HP) et je préfère leur donner des noms en fonction du lieu et de la date d'achat, ce qui donne par exemple ceci Leclerc-25-06-2018 ou encore Fnac-17-07-2019
J'ai ainsi le lieu d'achat et la date. Comme ce sont presque tous des HP, je n'ai pas mis HP devant. Par contre, pour le PC ASUS, j'écrirai Asus-Leclerc suivi de la date d'achat.

Pour renommer un PC, il faut cliquez sur le bouton Démarrer puis sur Paramètres.

Cliquez sur Système.

Dans la colonne de gauche, cliquez sur Informations système.

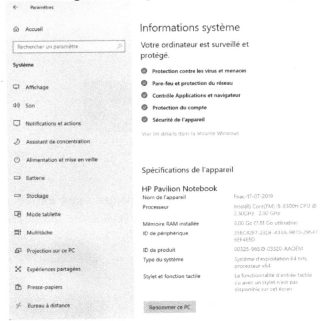

Cliquez sur le bouton Renommer ce PC.

Saisissez le nouveau nom et cliquez sur Suivant.
Redémarrez enfin votre ordinateur pour appliquer la modification.

Cartes

Vous connaissez sans doute Google Maps mais est-ce que vous connaissez le logiciel Cartes qui se trouve dans le menu Démarrer.

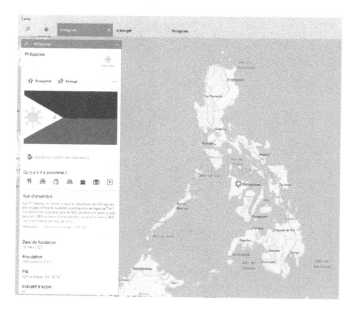

Avec le logiciel Cartes, vous pouvez afficher un pays, une ville, un itinéraire et plein d'informations.

Vous me direz que Google Maps le permet aussi, et je vous répondrai… oui.

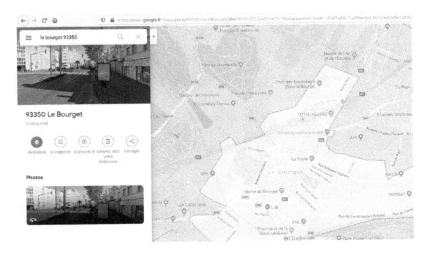

Réaliser une capture d'écran

Il existe plusieurs façons de réaliser des captures d'écran. Je vais vous en citer 3.

Réaliser une capture d'écran

Appuyez sur la **touche de logo Windows** ⊞ + **MAJ** + **S** pour ouvrir la barre de capture d'écran, puis faites glisser le curseur sur la zone à capturer. La zone capturée sera enregistrée dans votre presse-papiers.

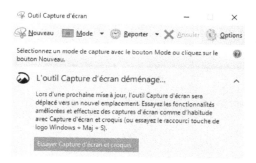

Windows possède un petit logiciel qui s'appelle « Outil capture d'écran ». Je l'utilise encore de temps en temps même si Microsoft voudrait qu'on utilise le nouvel outil intitulé « Capture d'écran et croquis » qu'on a vu un peu plus haut.

L'outil Capture d'écran se trouve dans les accessoires Windows.

Enfin, la méthode la plus utilisée reste le fait d'appuyer sur la touche Imp écran.

Le fait d'appuyer sur la touche Imp écran permet de mettre en mémoire l'intégralité de l'écran. Encore faut-il ensuite coller (Ctrl + V) cette image dans un logiciel graphique comme PaintNet ou Photoshop.

Le fait d'appuyer sur les touches Ctrl + V permet de coller l'image stockée en mémoire lorsque vous avez appuyé sur la touche Imp écran.

Le logiciel Paint.Net

PAINT.NET : Une alternative aux éditeurs d'image payants

Paint net (ou Paintnet pour les intimes) est un logiciel de retouche d'images à destination des PC qui tournent sous Windows.

👥 Voir les avis des utilisateurs

▉ PAINT.NET 4.2.1 | Windows

Vous pouvez télécharger le logiciel Paint.Net à l'adresse suivante : https://paintnet.fr/
J'utilise le logiciel Paint.Net tous les jours.
Contrairement au logiciel Photoshop qui est payant et cher, le logiciel Paint.net est gratuit.

Photoshop (Une seule application)

287,77 €/ an

TTC

S'abonner

Abonnement annuel prépayé

Il existe un autre logiciel gratuit qui s'appelle Gimp mais il est moins évident à prendre en main. Vous pouvez le télécharger ici : https://www.gimp.org/downloads/

7-Zip

7-Zip est un logiciel de compression de données et d'archivage de fichiers fonctionnant sous Windows développé par le Russe Igor Pavlov.

Le site internet est : https://www.7-zip.org/
La version française se trouve sur : https://www.7-zip.fr/

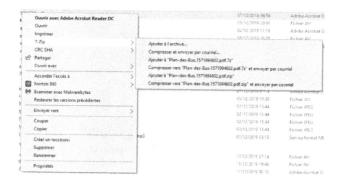

Ce petit utilitaire est très pratique, voire indispensable, pour compresser ou décompresser des fichiers. On dit aussi zipper et dézipper.

La connexion internet

A quoi sert un ordinateur si on n'a pas de connexion internet ?

L'accès à Internet est une désignation des moyens mis à la disposition d'un particulier ou d'une petite entreprise pour accéder à Internet. Les organismes commercialisant ces offres de service sont appelés fournisseurs d'accès à Internet (FAI).

Lorsqu'on est en France, on utilise généralement une box connectée au réseau cuivré de type ADSL ou à la fibre. De cette box placée près d'une prise téléphonique partent des câbles dont la connexion est de type RJ45 afin de distribuer le réseau (l'internet).

En France, je considère que l'offre la plus performante en rapport qualité – prix est celle de Free mais tout dépend de la zone géographique où vous habitez et quel opérateur internet vous propose la fibre ou à défaut le meilleur accès internet autre que la fibre.

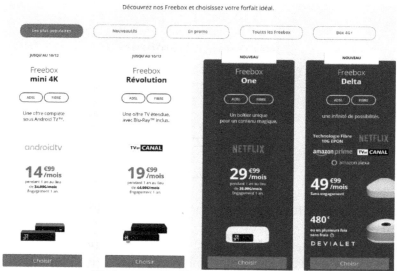

Ci-dessus, l'offre actuelle de Free

On peut aussi utiliser le wifi (Wireless Fidelity) qui permet aux ordinateurs de se connecter grâce à leur carte réseau sans passer par l'utilisation d'un câble.

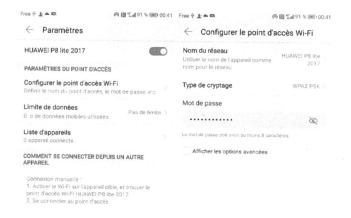

On peut aussi utiliser son smartphone lorsqu'on a activé « Données mobiles » afin de distribuer de l'internet à un ordinateur.

Il faut pour cela aller dans les « Paramètres » de son téléphone portable, puis « Partage de connexion internet ».

Comme je ne suis pas chez moi au moment où j'écris ces lignes, j'utilise la connexion internet via USB. Il me suffit pour cela d'activer les données mobiles de mon téléphone portable, puis de relier celui-ci à mon PC portable à l'aide d'un câble USB.

Notez que j'aurai pu distribuer le wifi à l'aide de mon téléphone portable mais j'ai une meilleur accès internet lorsque j'utilise le câble. Par contre, j'utilise l'option de distribuer le wifi à partir de mon téléphone portable vers la tablette de mon jeune fils lorsqu'on part ensemble à l'extérieur et qu'il veut jouer sur internet.

Se connecter sur un Wifi

Si l'icône du Wifi ne s'affiche pas dans la barre des tâches (en bas à droite), tapez le mot « wifi » dans la zone de recherche.

Cliquez ensuite sur « Paramètres Wi-Fi ».

Choisissez le Wi-Fi qui vous intéresse et tapez le username (nom utilisateur) et le password (mot de passe).

La messagerie

Quand on parle de messagerie, on parle bien sûr de pouvoir échanger des mails. L'adresse email de mon association est : cumps.association@gmail.com et j'ai également une adresse email personnelle.

Comme on ne se connait pas encore, je vous demanderai de prendre contact avec moi par le biais de l'adresse de mon association.

Ci-dessus l'interface de ma messagerie Gmail.

Les mails sont automatiquement classés par Gmail en 3 catégories (onglets) : Principale, Réseaux sociaux et Promotions.

De plus, Gmail classe dans le dossier Spam tous les mails supposés être des spams.

Si vous voulez vous-aussi créer gratuitement un adresse Gmail, cliquez sur : https://mail.google.com

Ce type de messagerie est une messagerie externe que l'on peut accéder à partir d'une connexion internet via un ordinateur, une tablette ou un téléphone.

A l'inverse, vous pourriez télécharger un logiciel de messagerie comme Thunderbird de Mozilla qui vous permettrait de rapatrier

tous vos mails sur un ordinateur mais attention à la place que cela prendrait sur le disque de votre ordinateur.
Pour télécharger Thunderbird : https://www.thunderbird.net/fr/

Il existe de nombreux autres logiciels de messagerie, qu'ils soient gratuits ou payants mais je ne pense pas qu'il soit utile de développer cette section à moins que vous ne me le demandiez.

Logiciel ou client de messagerie

Un client de messagerie, logiciel de messagerie ou courrielleur, est un logiciel qui sert à lire et envoyer des courriers électroniques. Ce sont en général des clients lourds mais il existe aussi des applications web qui offrent les mêmes fonctionnalités.

Si vous voulez installer un logiciel client de messagerie gratuit sur votre PC, je vous conseille d'installer Thunderbird.
https://www.thunderbird.net/fr/

Ce logiciel est à la fois gratuit et très simple d'utilisation.
Il vous permettra de conserver vos mails sur votre ordinateur et il est capable de récupérer vos mails provenant de différentes adresses emails.

ADAPTÉ À TOUS VOS BESOINS

Thunderbird améliore la messagerie électronique pour vous, alliant rapidité, confidentialité et dernières technologies. Concentrez-vous sur ce qui compte et oubliez la complexité

SÉCURISÉ ET PRIVÉ

Plusieurs fonctionnalités, telles que la fonction intégrée Ne pas me pister et le blocage de contenu distant, fonctionnent conjointement pour assurer votre sécurité et le respect de votre vie privée, afin que vous puissiez avoir l'esprit tranquille

HAUTEMENT PERSONNALISABLE

Grâce aux modules complémentaires (extensions et thèmes) et aux nombreuses autres fonctionnalités, vous pouvez changer l'apparence de Thunderbird en un instant

Si vous n'avez qu'une seule adresse email, alors vous n'avez probablement pas besoin d'un logiciel de messagerie.

Messenger de Facebook

Facebook Messenger est un système de messagerie instantanée créé par la société Facebook, et incorporé au réseau social Facebook.

On peut utiliser Messenger en téléchargeant l'appli sur son smartphone ou comme sur la capture d'écran ci-dessus, en allant sur l'url https://www.messenger.com

Facebook est assez casse-pied dans le sens où il suffit que vous ayez un hater (quelqu'un qui vous déteste ou qui veut vous faire une sale blague) pour bloquer votre compte Facebook pendant 2 jours ou plus. C'est ce qui m'est arrivé ce matin ou hier soir alors que nous sommes le 31 décembre ici aux Philippines.

Facebook a bloqué mes 2 comptes. J'ai sans doute été dénoncé pour avoir publié la photo d'un cafard. Je ne sais pas. Aussi j'ai supprimé mes derniers posts et j'ai ajouté ce message d'explication ici pour vous dire qu'il n'y aura plus aucune publication sur Facbook pendant quelques temps.

Comme mes posts n'étaient visibles que par "mes amis Facebook", je suppose que l'un d'entre eux n'a pas aimé la photo du cafard ou celles des plats philippins.

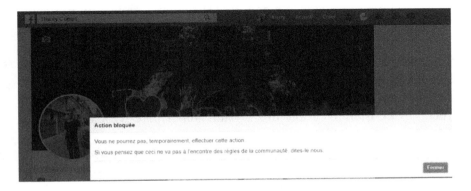

Par contre l'application Messenger de Facebook n'est pas bloqué et ça c'est une chance car c'est surtout de cette application que j'ai besoin pour communiquer avec mes amis et ma famille aux Philippines ou en France.

D'ailleurs, j'envisage de ne plus partager photos, textes ou vidéos sur Facebook (d'ailleurs pour le moment tout m'est interdit sur Facebook) et ne plus utiliser que l'application Messenger que ce soit avec mon téléphone portable ou mon ordinateur.

Envoyez des fichiers volumineux

Avec Gmail, vous pouvez envoyer des pièces jointes d'une taille maximale de 25 Mo. Si vous envoyez plusieurs pièces jointes, leur taille totale ne peut pas dépasser cette limite.

Avec Yahoo, la taille totale de tous les fichiers joints à un message, entrant ou sortant, ne doit pas dépasser 25 Mo aussi.

Cependant, même si je vous envoie un fichier en pièce jointe ne dépassant pas les 25 Mo, il se peut que vous utilisiez un logiciel de messagerie autre que Gmail ou Yahoo qui lui ne permettra pas de recevoir un mail avec une pièce jointe supérieure par exemple à 10 Mo.

Heureusement, il existe une solution. Il s'agit d'utiliser un service d'envoi de document lourd.
Celui que j'utilise le plus souvent est celui de Free : http://dl.free.fr

Il est très simple et on peut envoyer le même fichier à plusieurs personnes à la fois. On peut aussi protéger l'accès au téléchargement par un mot de passe que l'on enverra dans un mail au destinataire.

Comme on le voit ci-dessus, je me suis envoyé un fichier pour voir et voici le message que j'ai reçu.

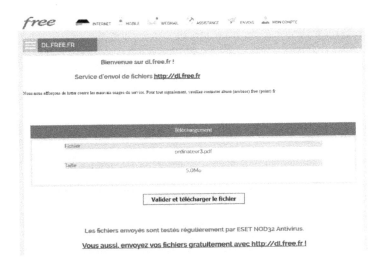

Dans le cas où le service d'envoi de Free serait surchargé, vous pouvez utiliser Transfernow : https://www.transfernow.net

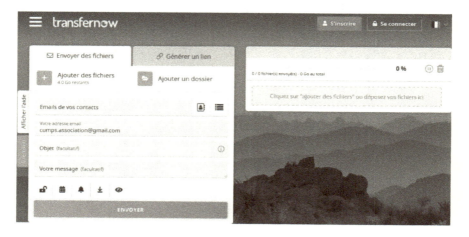

Comme certains utilisent le service de Free pour envoyer des films, il y a une grosse surcharge sur ce serveur, ce qui m'emmène à penser qu'il est préférable d'utiliser les services de Transfernow.

transfernow

Vos fichiers (L'ordinateur à la portée de tous) ont été envoyés avec succès.

1 fichier, 5.2 Mo au total • Fichiers disponibles jusqu'au : 16/12/2019 à 18h44 (GMT)

Merci d'utiliser TransferNow. Nous vous enverrons un e-mail pour identifier qui de vos contacts a téléchargé ou n'a pas encore téléchargé vos fichiers.

Vous avez écrit :

Test

Pour le moment, je préfère utiliser les services de https://www.transfernow.net que les services de http://dl.free.fr

On pourrait trouver encore d'autres services d'envoi de documents volumineux. Si vous le souhaitez, dites-le-moi.

Les navigateurs pour surfer sur internet

Le navigateur que je préfère utiliser depuis déjà plusieurs années est le navigateur Firefox que vous pouvez télécharger ici : https://www.mozilla.org/fr/firefox/all/#product-desktop-release

Il est bon d'avoir au moins un second navigateur au cas où vous auriez un problème avec le premier (ça peut arriver).

Vous pouvez télécharger le navigateur de Microsoft ici :
https://www.microsoft.com/fr-fr/windows/microsoft-edge

Microsoft Edge

Une façon rapide et sécurisée d'être productif sur le Web.

Depuis quelques années, le navigateur Google Chrome a fait de nombreux adeptes. Vous pouvez le télécharger ici :
https://www.google.com/intl/fr_fr/chrome/

Gagnez en
efficacité grâce au
nouveau Chrome

Désormais plus simple, plus sécurisé et encore plus rapide grâce aux fonctionnalités intelligentes de Google intégrées.

Télécharger Chrome

Le navigateur Opera est toujours présent même s'il est moins connu.
Vous pouvez le télécharger ici :
https://www.opera.com/fr

Le navigateur Vivaldi est très personnalisable. Vous pouvez télécharger le navigateur Vivaldi ici : https://vivaldi.com/fr/

Le navigateur Brave ambitionne de protéger la vie privée de l'internaute, en se montrant agressif à l'égard des publicités jugées « invasives » et des trackers. Vous pouvez télécharger le navigateur Brave ici : https://brave.com/fr/

Les bloqueurs de pub

La pub affichée sur les sites internet provoque un ralentissement de l'affichage des pages web. De plus, du code Javascript ou Flash pourrait inclure du code malicieux et utiliser des failles de sécurité pour prendre le contrôle de votre machine.

En activant un bloqueur de pub comme Adblock Plus, on protège encore un peu plus son ordinateur, non seulement de publicité intempestives (comme des pop-ups par exemple) mais aussi de risques d'attaques en provenance de sites internet vérolés.

Vous pouvez installer Adblock Plus sur tous les navigateurs mais spécialement sur Firefox.

Tapez adblock Plus sur Google et installez-le sur votre navigateur. Une fois installé sur votre navigateur, Adblock Plus se fait discret et travaille pour vous sans relâche pour vous aider à surfer plus vite et sans problème.

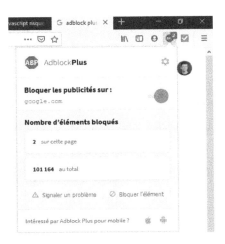

Il est possible que certains sites internet détectent que vous utilisez un bloqueur de publicité et vous demandent de l'enlever parce qu'ils disent que c'est grâce à la publicité que leur site internet peut vivre.

Dans ce cas, c'est à vous de voir. Vous pouvez très bien désactiver Adblock Plus pour un site internet. Il suffit pour cela de cliquer sur le rond bleu.

Sur certains sites de streaming et de téléchargement, un bloqueur de pub comme Adblock Plus vous évitera de subir plein de désagrements.

Les moteurs de recherche

Le moteur de recherche N°1 au monde (sauf en Chine où il est bloqué) est depuis plusieurs années Google : https://www.google.fr

Note : En Chine, vous ne pourrez aller sur les sites suivants : Facebook, YouTube, WhatsApp, Gmail, Netflix, Instagram, Twitter.

Le moteur de recherche le plus utilisé en chine est Baidu : https://www.baidu.com

Après Google, on trouve différents moteurs de recherche comme :
Bing : https://www.bing.com
Yahoo : https://fr.yahoo.com
DuckDuckGo : https://duckduckgo.com
Qwant : https://www.qwant.com

Les arnaques sur internet

Les arnaques sur internet sont tellement nombreuses qu'on pourrait en faire un livre. J'en ai d'ailleurs fait un livre « Internet : la lutte du bien et du mal ».

Je ne vais pas ici refaire un nouveau livre sur toutes les arnaques possibles et imaginables. Vous pouvez toujours aller sur mon blog dédié à ce sujet : https://attention-arnaques.blogspot.com/

Mais voici les 5 principales arnaques répertoriées sur la page : https://domaine-legal.com/fiche-pratique/96/arnaques-sur-internet-les-5-plus-frequentes

L'hameçonnage ou phishing
La technique consiste à faire croire à la victime qu'une personne de confiance a besoin de récupérer ses données personnelles pour une bonne raison : coordonnées bancaires, mots de passe, etc....

Vous recevez des mails contenant des sollicitations provenant de personnes ou d'institutions apparemment connues : votre banque, qui vous demande votre code de carte bleue à la suite d'une prétendue fraude ou qui vous offre de créditer votre compte en raison d'une erreur en votre faveur, etc.

Si vous mordez à l'hameçon - il s'agit d'un « hameçonnage » ou de « phishing » - et donnez les éléments demandés, les escrocs en profiteront pour vider vos comptes dans les délais les plus brefs.

L'escroquerie à la loterie

Vous recevez un mail promettant un gain à un jeu-concours ou une affaire incroyable dont veut vous faire profiter un « ami » au sujet d'une voiture neuve à un prix ridicule ?

Ce type de mail vous demande d'effectuer un versement pour couvrir des frais ou débloquer la somme ou le lot.

Si vous répondez, les fraudeurs ne reprennent plus jamais contact avec vous et disparaissent avec votre argent.

L'arnaque "à la nigériane"

C'est l'une des arnaques les plus courantes : un inconnu - ou quelqu'un qui se fait passer pour un ami - demande votre aide pour transférer des fonds déposés sur un compte étranger (par exemple, un héritage). Il vous promet une forte récompense à condition que vous lui fassiez d'abord parvenir une avance en argent.

Bien entendu, la victime qui a versé son argent ne reçoit jamais un seul centime et n'entend plus parler de cet ami.

Le kidnapping de disque dur

Après que vous ayez ouvert une page web ou cliqué sur un lien, votre écran devient gris. Vous avez beau cliquer, rien ne se produit, puis votre image en direct filmée par votre propre webcam apparaît : quelqu'un a pris le contrôle de votre ordinateur.

Ce scénario se nomme "virus-rançon", ou "ransomware" : l'accès à votre ordinateur est bloqué dans le but de vous faire chanter, en vous accusant d'avoir téléchargé illégalement des fichiers et de violer de pseudo lois sur le copyright, ou même de posséder des photos pédophiles.

Selon ces menaces, la seule façon de retrouver le contrôle de votre ordinateur est de vous acquitter d'une "amende" dans les 48 heures.

L'escroquerie à l'offre d'emploi

Les escrocs identifient un demandeur d'emploi et lui proposent un job très bien payé.

Ce subterfuge a pour objectif de vous recruter en tant qu'intermédiaire pour une opération de blanchiment d'argent : en échange d'une commission, on vous demande d'utiliser votre compte en banque pour recevoir des fonds puis de les transférer sur le compte de l'arnaqueur. Il s'agit en fait d'argent provenant d'activités criminelles.

A cette petite liste, j'ajouterai l'arnaque aux sentiments.

Une jolie jeune fille (ou un joli jeune homme) vous déclare sa flamme, par e-mail, sur un réseau social du type Facebook ou sur un site de rencontre. Le message d'accroche est généralement très direct, sans aucune ambiguïté : vous êtes beau, sexy, sympa, intéressant. Et vous lui plaisez beaucoup.

Si vous mordez à l'hameçon et répondez, l'inconnu(e) va vous envoyer une ou deux jolies photos (vous n'en recevrez généralement pas plus) et rapidement vous poser des questions précises. Êtes-vous en couple ou célibataire ? Où habitez-vous ? Quelle est votre profession ? Le but est d'identifier vos faiblesses et de vérifier que vous êtes une bonne cible.

Les auteurs des arnaques aux sentiments sont appelés « brouteurs » et habitent la plupart du temps en Côte d'Ivoire.

Il semblerait qu'arnaquer les francophones en les faisant rêver d'amour soit devenu leur principale occupation.

En plus de mon blog, je vous conseille le site suivant : https://arnaqueinternet.com/

Sachez qu'il y aura toujours des escrocs pour vous escroquer et des voleurs pour vous voler. Tout comme il faut faire attention lorsqu'on se promène dans la rue, il faut faire attention lorsqu'on utilise internet.

Dans le cadre de mon association, j'ai souvent été contacter pour ce genre de problème, malheureusement lorsqu'on me contacte, il est souvent déjà trop tard.

Mes conseils sont les suivants :

Soyez méfiant. Si quelque chose est trop beau pour être vrai, c'est que ce n'est sans doute pas vrai.

Si une personne s'intéresse à vous, ce n'est peut-être pas pour votre charme. Demandez-lui de vous rencontrer au plus vite afin de vous assurer que la personne existe vraiment. Si elle refuse ou qu'elle dit qu'elle habite trop loin alors que sa fiche indiquait qu'elle habitait près de chez vous, c'est sans doute qu'il s'agit d'un brouteur.

Idem si quelqu'un vous demande de vous parler par Skype et refuse de vous donner son numéro de téléphone.

Utilisez un bon antivirus comme Norton360 ainsi qu'un bloqueur de pub comme Adblock Plus. Avec Ccleaner, nettoyez le plus souvent possible vos navigateurs surtout si vous venez de subir une attaque par le biais d'un site internet.

Protégez votre intimité. Ne vous dévoilez pas physiquement (ne vous montrez pas nu) et ne donnez pas non plus trop d'informations à des personnes que vous n'avez jamais rencontrées physiquement.
Par exemple, je ne réponds jamais au téléphone à des entreprises ou à des soi-disant instituts de sondage.

L'ordinateur est un appareil électrique. Sans électricité, il va s'éteindre. Lorsque vous êtes en train de vous faire pirater votre ordinateur, éteignez-le au plus vite. Laissez le doigt appuyé par exemple sur le bouton d'allumage jusqu'à ce qu'il s'éteigne. Coupez l'arrivé du courant s'il s'agit d'un ordinateur de bureau. Si vous n'arrivez pas à éteindre votre ordinateur portable, débranchez le câble et enlevez la batterie.

Lorsque vous rallumerez l'ordinateur, n'allez pas sur internet, ne lancez pas un navigateur avant d'avoir tout nettoyé avec Ccleaner.

D'abord, on analyse et ensuite on nettoie.

Il m'arrive d'utiliser des sites internet dangereux comme https://videocyborg.com par exemple et malgré mon antivirus et mon bloqueur de pub, il m'arrive de subir une prise de contrôle de mon PC et dans ce cas, je n'arrive plus à reprendre la main sur son navigateur.
La solution est de fermer mon navigateur, tous les onglets. Il n'y a pas le choix. Comme les onglets de mon navigateur refuse que je les ferme, je tente un clic droit sur l'icône du navigateur qui se trouve dans la barre des tâches et lorsque ça ne marche pas, je fais

un Ctrl Alt Supp pour accéder au « Gestionnaire des tâches » grâce auquel je vais pouvoir forcer l'arrêt du navigateur.
Ensuite, j'éteint l'ordinateur et je le redémarre.
Comme je l'ai déjà dit, je nettoie avec Ccleaner avant de relancer le navigateur.

Dans le cas où votre ordinateur aurait été infecté (et non pas seulement votre navigateur), vous devriez scanner les disques durs avec Malwarebytes.

Toutes les intrusions sur votre ordinateur ne seront pas détectables. Vous pourriez très bien avoir un intru qui scanne votre PC sans que vous vous en rendiez compte.
Dans ce cas extrême, on doit parler de cybersécurité et je compte bien en parler dans le chapitre qui sera consacré au « hacking ».

Internet sécurisé

L'HyperText Transfer Protocol Secure est la combinaison du HTTP avec une couche de chiffrement comme SSL ou TLS. HTTPS permet au visiteur de vérifier l'identité du site web auquel il accède, grâce à un certificat d'authentification émis par une autorité tierce, réputée fiable.

Lorsque vous êtes sur un site marchand comme Amazon, l'url du site internet est sécurisé : https://www.amazon.fr
Idem lorsque vous êtes sur un site bancaire : https://www.credit-agricole.fr ou bien https://www.paypal.com/fr/home
Il y a même un cadenas à gauche du https://

Notez que c'est également le cas pour des sites internet aussi importants que EDF : https://www.edf.fr ou encore le site des impôts : https://www.impots.gouv.fr

Si vous devez payez en ligne, vérifiez bien que l'url du site commence par https et qu'il y ait un cadenas. Si ce n'est pas le cas, ne commandez pas !

Exemple sur le site http://www.zenlatitudes.com il n'y a pas de https
Par contre, lorsque je rentre dans la partie boutique, le https et le cadenas est bien présent :
https://www.zenlatitudes.com/shop/Results.cfm?category=3

Sans cette sécurité, le paiement de votre commande pourrait être intercepté et modifié. Exemple, vous pourriez commander une paire de chaussure en ligne pour 33 euros et être débité 8333 euros.

Le VPN

Puisque j'ai parlé de l'internet sécurisé, je suis obligé de parler du VPN.

VPN, pour Virtual Private Network (réseau privé virtuel) désigne un réseau crypté dans le réseau Internet, qui permet à une société dont les locaux seraient géographiquement dispersés de communiquer et partager des documents de manière complètement sécurisée, comme s'il n'y avait qu'un local avec un réseau interne.

A gauche, ma connexion internet avant l'utilisation d'un VPN.
A droite, ma connexion internet lorsque j'utilise un VPN. Notez que je peux choisir le pays dans lequel je veux apparaître (dépend de votre fournisseur de VPN).

Sur l'image ci-dessus ainsi que celle-ci-dessous, il s'agit du VP fournit avec mon abonnement Norton 360. Il s'agit de l'antivirus que j'ai choisi pour mes ordinateurs. J'en reparlerai dans le paragraphe suivant.

J'utilise Norton 360 pour disposer d'un VPN lorsque je le souhaite. Utilisez un VPN ralenti le temps de chargement des pages et des fichiers surtout lorsque vous choisissez le serveur d'un pays éloigné du votre.

A gauche, avant que j'active le VPN de Norton et à droite après avoir choisi l'Allemagne.

L'un des avantages de changer de VPN, c'est de pouvoir télécharger des fichiers sans laisser son empreinte (l'IP de son FAI) et de passer outre les restrictions d'un serveur de fichiers qui n'autoriserait par exemple qu'un seul téléchargement de fichier par heure.

Certains disent que le meilleur VPN serait ExpressVPN dont le site internet est : https://www.expressvpn.com/fr

Même s'il est vrai que ExpressVPN est meilleur que ses 2 concurrents ci-dessus, il est toutefois beaucoup plus cher.

D'après les critiques que j'ai lu sur internet, ExpressVPN serait légèrement plus rapide et plus intéressant que NordVPN mais ce dernier est aussi moins cher.

ExpressVPN : https://www.expressvpn.com/fr
NordVPN : https://nordvpn.com/fr/

Il me semble important d'attirer votre attention sur les risques que vous prenez en surfant sur internet car il est très facile de se faire infecter son ordinateur sans même s'en rendre compte.

Quant à la confidentialité de vos informations, sans l'utilisation d'un VPN ou d'une connexion sécurisée, elle est pratiquement nulle surtout si vous utilisez des WI-FI publics (idem si votre box émet en WI-FI).

Selon la CNIL :
En 2019, la probabilité, de subir un cyber attaque est 70 fois plus élevés que de se faire cambrioler.

En 2020, si le taux en équipement en VPN reste le même, 1 Français sur 3 aura été victime, d'une cyberattaque.

Une personne malveillante peut "sniffer" les WI-FI des box internet à bord de son véhicule et s'y connecter afin de connaître les sites

84

que vous visitez, les identifiants (login et mot de passe) que vous utilisez, les documents et les messages que vous envoyez, etc. Ce pirate n'a pratiquement aucun risque de se faire prendre.

Exemple d'utilisation du VPN

Imaginons que je veuille télécharger des fichiers sur le serveur 1fichier.

Avec le serveur https://1fichier.com vous ne pouvez télécharger qu'un fichier toutes les 2 heures.

Si vous avez Norton 360 vous pourriez utiliser le VPN pour changer votre IP et ainsi ne pas attendre 2 heures avant de pouvoir télécharger à nouveau sur ce serveur.

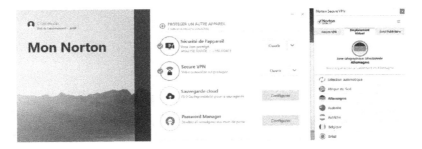

En bref, à chaque fois qu'on veut télécharger sur ce serveur, on change son IP.

Norton 360

J'ai l'habitude de recommander les logiciels que j'utilise, ce qui me parait normal puisque comment savoir si un logiciel que je n'utilise pas est bon ou mauvais ?

Si je vous recommande Norton 360, c'est que je l'ai acheté pour 10 postes et je l'ai installé depuis plusieurs mois sur tous mes PC ainsi que sur l'un de mes smartphones.
Auparavant, j'utilisais d'autres antivirus, mais j'ai fini par installer Norton 360 à la place car c'est le plus efficace, le plus complet et en même temps il n'est pas trop gourmand en termes de ressources.

Norton 360 Premium 2020 | Antivirus pour 10 appareils en renouvellement automatique | 1 An | Secure VPN et Password Manager | PC/Mac/iOS/Android | Téléchargement.
Je ne vais pas vous afficher le prix ou le lien pour l'acheter sur Amazon car la version que j'avais payé (voir image ci-dessous) n'est plus disponible.

Norton Security Premium 2019 | 10 Appareils | 1 an | PC/Mac/iOS/Android | Téléchargement
Vendu par : Amazon EU S.a.r.L.
Fenêtre de retour fermée le 3 juin 2019
EUR 29,99

Acheter à nouveau

A l'heure où j'écris ces lignes, Norton a sorti une version améliorée de son produit mais aussi avec un prix deux fois plus élevé. Il n'en reste pas moins que je recommande ce produit. A vous de voir si vous avez besoin d'une licence pour 10, 5 ou 1 poste.

Le 19/12/2019, Amazon propose à la vente Norton360 Premium 2020 pour 10 appareils pour 36,40 €.
Le lien est : https://amzn.to/2sJMyIu

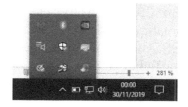

Sur le PC que j'utilise cette nuit, on peut voir l'icône de Norton 360 lorsqu'on clique sur la flèche vers le haut en bas à droite de la barre des tâches.

Norton 360 ne protège pas seulement des virus mais également des malwares, spywares, et autres attaques que l'on peut craindre sur internet.
Concernant les malwares, j'utilisais avant Malwarebytes mais je n'en ai plus besoin.

Attention cependant à ne pas pécher par excès de confiance. Si vous allez sur des sites de streaming ou de téléchargement en ligne, vous serez sûrement victime de tentatives d'intrusions.
Exemple de site de streaming/téléchargement dangereux : https://dpstreaming.vip
J'ai cité celui-ci mais j'aurai pu en citer des dizaines d'autres et tous sont dangereux car ils contiennent des logiciels malveillants qui vont essayer de prendre le contrôle de votre ordinateur.
Ce n'est pas le but de ce manuel de vous apprendre à télécharger des films ou des musiques sans risque d'autant plus que c'est illégal dans la plupart des pays. Je tenais seulement à vous mettre en garde du fait que le risque existe et que même la meilleure protection ne vous empêchera pas un jour d'être victime de tentatives frauduleuses mettant votre ordinateur et vos données informatiques en péril.

Gérer ses appareils sous Norton 360

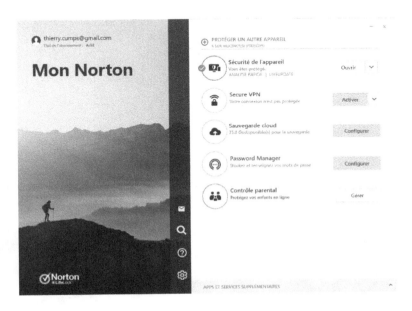

Ce n'est pas sur l'interface de Norton 360 ci-dessus que l'on va pouvoir gérer les appareils (ordinateurs ou smartphone) sur lesquels on a installé Norton 360.

Pour cela, vous allez devoir aller sur https://my.norton.com/

Une fois connecté (adresse email + mot de passe=, vous aurez l'écran ci-dessous :

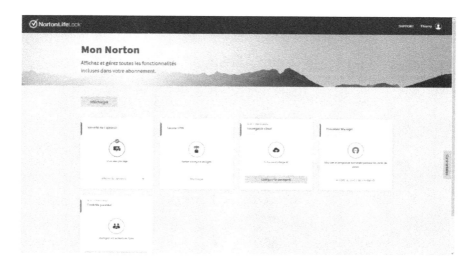

En cliquant sur « Sécurité de l'appareil », vous obtiendrez un écran similaire à celui que j'ai ci-dessous :

Vous pourrez alors renommer l'appareil, le supprimer ou gérer sa licence.

Mon ordinateur est attaqué. Que dois-je faire ?

Cela m'est arrivé et cela vous arrivera un jour.
Il y a de nombreuses attaques possibles. Certaines sont visibles et d'autres non.

Vous n'avez plus la main sur votre ordinateur
C'est un cas assez rare, mais cela m'est déjà arrivé plusieurs fois.
J'ai beau essayé de fermer une fenêtre, celle-ci se rouvre automatiquement et plus vite que je n'arrive à la fermer.
Un message vous annonce que vos données informatiques vont être détruites, que vous avez fait quelque chose d'illégal, que la gendarmerie ou la police a été prévenu et que vous devez appeler un numéro surtaxé pour retrouver le contrôle de votre ordinateur.

Vous pouvez essayer d'éteindre l'ordinateur en cliquant sur le bouton démarré / Arrêt mais il y a des chances que cela ne fonctionne pas.
Vous pouvez faire Ctrl/Alt/Suppr puis aller dans Gestionnaire des tâches afin de fermer le programme qui s'est emparé de votre ordinateur mais c'est trop long et ce n'est pas sûr que vous y arriver.

Le chose la plus simple et la plus rapide à faire est d'éteindre votre ordinateur en laissant le doigt appuyé sur le bouton marche/arrêt.
Une fois l'ordinateur éteint, vous allez le redémarrer en espérant que le programme n'a pas fait trop de dégâts.

Lorsque vous êtes arrivé sur le bureau de Windows, ne lancez pas le navigateur, celui-ci est sûrement infecté. Vous allez lancer le programme de nettoyage CCleaner.

Si vous n'avez pas téléchargé CCleaner auparavant, c'est embêtant car le fait d'ouvrir le navigateur que vous avez utilisé risque de relancer le programme qui avait pris le contrôle de votre ordinateur. Dans ce cas, lancez un autre navigateur.

Exemple, si vous utilisiez Firefox, lancez Microsoft Edge ou Google Chrome.

Un navigateur différent risque de ne pas être infecté car non seulement le dernier navigateur utilisé va essayer de restaurer les fenêtres des derniers sites ouverts avant d'éteindre brutalement votre ordinateur mais des add-ons malveillants ont pu être installé sur votre navigateur.

Add-on est le terme utilisé par Mozilla pour désigner les modules logiciels pouvant être ajoutés au navigateur Web Firefox et aux applications associées. Il en existe trois types : les extensions, les thèmes et les plug-ins.

Je vais consacrer le chapitre suivant au logiciel CCleaner car c'est un outil pratiquement indispensable pour nettoyer votre ordinateur et il faut l'utiliser régulièrement mais surtout après avoir subi une attaque ou lorsqu'on pense avoir subi une attaque.

Disons que vous avez nettoyé votre ordinateur avec CCleaner. Vous pouvez dans ce cas, relancer le navigateur utilisé précédemment en prenant soin de fermer de suite tous les onglets

Historique

Règles de conservation   Conserver l'historique   ⌄

Firefox conservera les données de navigation, les téléchargements, les formulaires et   Effacer l'historique...
l'historique de recherche.

Vous aurez peut-être besoin d'effacer l'historique de votre navigateur.

La page d'accueil de votre navigateur a pu être changé et des modules (extensions) ont pu être ajouté à votre insu par le logiciel malveillant. Si vous pensez qu'il faut réinitialiser votre navigateur, n'hésitez pas à le faire, celui-ci ne s'en portera que mieux.

Comment savoir si mon ordinateur est piraté

Parfois on en est sûr, parfois on a seulement des suspicions.
Il peut arriver que lorsqu'on éteint son ordinateur, Windows dit qu'un autre utilisateur est encore connecté et demande confirmation mais cela ne signifie pas forcément qu'un pirate est en train de fouiller dans votre ordinateur.

A la question « Comment savoir si mon ordinateur est piraté » sur Google, j'ai trouvé cette solution qui ne me satisfait pas complètement mais que je vais vous donner. Elle provient de la vidéo suivante : https://www.youtube.com/watch?v=_t6vrLHDxO0

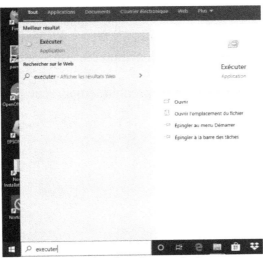

Dans la barre de recherche (en bas à gauche), taper « executer ».

Cliquez sur l'application, puis tapez « system.ini » comme sur la capture d'écran ci-dessous :

Si vous rencontrez des étoiles **** à droite de la ligne timer=timer.drv c'est que votre ordinateur est piraté.

J'apporterai d'autres réponses prochainement à ce problème.

Le gestionnaire des tâches

Vous pouvez afficher la barre des tâches de deux façons :
1.   en appuyant simultanément sur les touches Ctrl-Alt-Supp, puis cliquez sur « Gestionnaire des tâches ».
2.   en faisant un clic droit sur un espace libre de la barre des tâches, puis « Gestionnaire des tâches ».

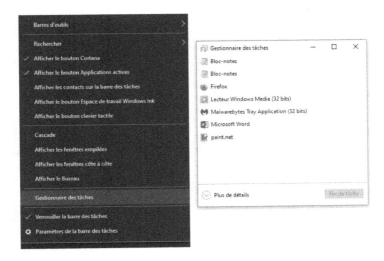

J'ai obtenu la fenêtre de gauche, en faisant un simple clic droit sur une zone libre de la barre des tâches. Ensuite, j'ai cliqué sur « Gestionnaire des tâches » pour afficher la fenêtre de droite.

Le gestionnaire des tâches va vous permettre de stopper des programmes qui ne veulent pas s'arrêter, mais également de surveiller les processus qui tournent sur votre PC et également de les stopper. Par contre, vous ne pourrez pas stopper les services à moins de taper « msconfig ».

Processus   Performance   Historique des applications   Démarrage   Utilisateurs   Détails   Services

Nom	Statut	5% Processeur	71% Mémoire	15% Disque	0% Réseau	0% Processe...	Moteur de processeur graphique	Consommati...	Tendance de c...
Applications (9)									
Bloc-notes		0%	0,6 Mo	0 Mo/s	0 Mbits/s	0%		Très faible	
Bloc-notes		0%	0,7 Mo	0 Mo/s	0 Mbits/s	0%		Très faible	
Explorateur Windows (4)		0,3%	37,7 Mo	0 Mo/s	0 Mbits/s	0%		Très faible	
Firefox (10)		0,4%	1 408,5 Mo	0,1 Mo/s	0 Mbits/s	0%	GPU 0 - 3D	Très faible	
Gestionnaire des tâches		1,4%	26,1 Mo	0 Mo/s	0 Mbits/s	0%		Faible	
Lecteur Windows Media (32 bits)		1,4%	36,6 Mo	0 Mo/s	0 Mbits/s	0%		Faible	
Malwarebytes Tray Application (...		0%	5,1 Mo	0 Mo/s	0 Mbits/s	0%		Très faible	
Microsoft Word (2)		0%	131,2 Mo	0 Mo/s	0 Mbits/s	0%		Très faible	
paint.net		0%	123,5 Mo	0 Mo/s	0 Mbits/s	0%		Très faible	
Processus en arrière-plan (87)									
64-bit Synaptics Pointing Enhan...		0%	0,1 Mo	0 Mo/s	0 Mbits/s	0%		Très faible	
Adobe Acrobat Update Service (...		0%	0,1 Mo	0 Mo/s	0 Mbits/s	0%		Très faible	
AppHelperCap.exe		0%	0,1 Mo	0 Mo/s	0 Mbits/s	0%		Très faible	
Application Frame Host		0%	5,5 Mo	0 Mo/s	0 Mbits/s	0%		Très faible	
Application sous-système spoul...		0%	1,2 Mo	0 Mo/s	0 Mbits/s	0%		Très faible	
Bonjour Service		0%	0,8 Mo	0 Mo/s	0 Mbits/s	0%		Très faible	
Calendrier	⏸	0%	0 Mo	0 Mo/s	0 Mbits/s	0%		Très faible	
Cartes (2)	⏸	0%	0,5 Mo	0 Mo/s	0 Mbits/s	0%		Très faible	
CCleaner		0%	0,7 Mo	0 Mo/s	0 Mbits/s	0%		Très faible	
Changeur CTF		0%	3,9 Mo	0 Mo/s	0 Mbits/s	0%		Très faible	
COM Surrogate		0%	0,2 Mo	0 Mo/s	0 Mbits/s	0%		Très faible	
COM Surrogate		0%	0,2 Mo	0 Mo/s	0 Mbits/s	0%		Très faible	
COM Surrogate		0%	1,1 Mo	0 Mo/s	0 Mbits/s	0%		Très faible	
CommRecovery		0%	2,0 Mo	0 Mo/s	0 Mbits/s	0%		Très faible	
Component Package Support S...		0%	0,1 Mo	0 Mo/s	0 Mbits/s	0%		Très faible	
Cortana	⏸	0%	0 Mo	0 Mo/s	0 Mbits/s	0%		Très faible	
Démarrage		0%	12,1 Mo	0 Mo/s	0 Mbits/s	0%		Très faible	
Device Association Framework ...		0%	2,0 Mo	0 Mo/s	0 Mbits/s	0%		Très faible	
Écran de verrouillage par défaut...	⏸	0%	0 Mo	0 Mo/s	0 Mbits/s	0%		Très faible	

Moins de détails

Lorsqu'on affiche les services, on peut, selon la situation, démarrer, arrêter ou redémarrer un service.

Lorsqu'on a par exemple un programme malveillant qui tourne, on peut ainsi le stopper.

System Configuration / MsConfig

MsConfig est un programme présent dans diverses versions de Windows permettant de consulter et de modifier la configuration du démarrage de Windows. MsConfig permet, entre autres, de supprimer des processus chargés au démarrage de Windows ou d'empêcher le démarrage de certains programmes lors du démarrage de Windows.

Pour lancer ce programme, vous pouvez aller dans « *Outils d'administration Windows / System Configuration* » ou taper msconfig dans la zone de recherche en bas à gauche de la barre des tâches comme je l'ai fait sur la copie d'écran ci-dessous :

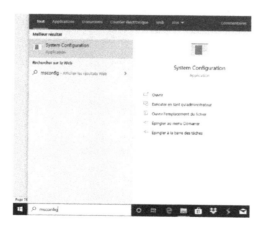

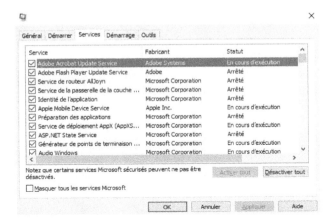

Le plus intéressant pour moi est de pouvoir redémarrer un service ou de l'arrêter.

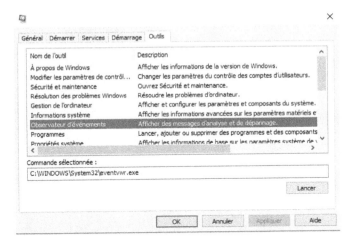

Dans l'onglet « Outils », on trouve des outils très intéressants qu'on peut lancer à partir de cette fenêtre.

Sur la copie d'écran ci-dessous, on voit que l'observateur d'évènements a été lancé et que les journaux Windows concernant la sécurité sont affichés.

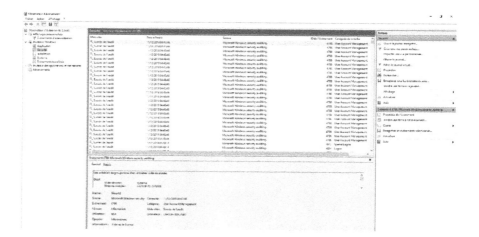

104

Mon PC est lent, défragmentation du disque dur

On nous a dit que défragmenter le disque dur des PC n'était plus utile depuis Windows 8. Or, même avec Windows 10, la procédure existe toujours et je dois dire que depuis j'ai défragmenté mon disque dur, mon ordinateur a retrouvé une seconde jeunesse.

Pourquoi défragmenter ?
Au fur et à mesure de l'utilisation d'un ordinateur se produit sur les disques durs un phénomène appelé la fragmentation. ... Partant de là, l'accès aux fichiers est plus long car le système doit balayer toute la surface du disque pour les retrouver.

Défragmenter un disque permet de regrouper chaque fichier en un seul bloc ainsi le temps de chargement d'un fichier ou d'une application se fait plus rapidement si ce ce fichier ou cette application se trouve en plusieurs morceaux en plusieurs endroits du disque dur.

Avant de jeter ou de revendre votre vieil ordinateur, vous devriez défragmenter le disque dur de votre PC et voir le résulat.

Voici la procédure en images :

Allez sur Ce PC (ou Poste de travail) afin d'afficher les disques durs de votre ordinateur.

Faites un clic droit sur le disque dur que vous voulez défragmenter.

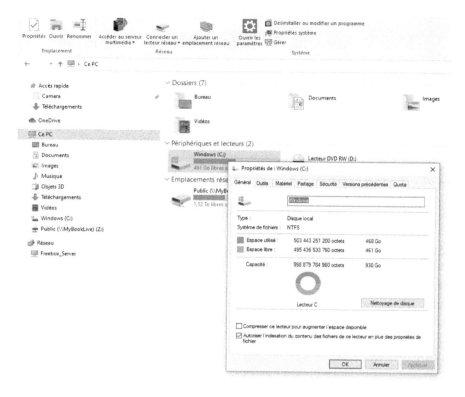

Cliquez dans l'onglet Outils.

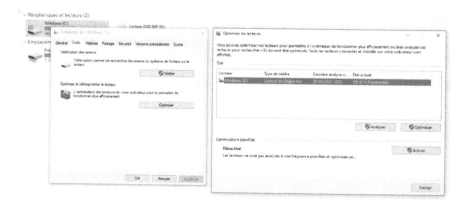

Cliquez ensuite sur le bouton Optimiser.

Dans mon cas, la défragmentation a pris toute une journée car je ne l'avais jamais fait sur cet ordinateur.

Si vous avez un portable, laissez-le brancher sur l'alimentation secteur afin que le disque dur et l'ordinateur ne se mettent pas en pause.

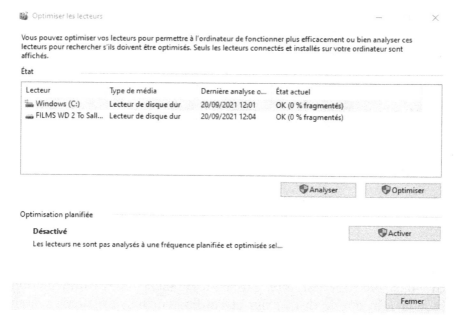

Lorsque tout le disque dur a été défragmenté comme c'est désormais le cas ci-dessus, on n'a plus besoin de recommencer une défragmentation avant environ 6 mois.

Si vous n'avez jamais défragmenté le disque dur principal de votre ordinateur, pensez à le faire.

CCleaner

Le logiciel CCleaner existe en version gratuite et cette version peut être suffisante pour garder votre ordinateur en bonne santé.

L'outil de nettoyage de PC le plus populaire au monde !

Il protège votre vie privée et rend votre ordinateur plus rapide et plus sûr !

Je vous conseille d'aller sur Google pour télécharger le logiciel CCleaner ou de taper l'url du site suivant :
https://www.ccleaner.com/fr-fr/ccleaner/download

Dans la page ci-après, je vous ai mis le comparatif entre les 3 versions : Gratuit / Super / Super Plus
A vous de voir.

L'outil de nettoyage de PC le plus populaire au monde !

Il protège votre vie privée et rend votre ordinateur plus rapide et plus sûr !

	GRATUIT	SUPER	PRIX IMBATTABLE SUPER PLUS
		Essai Gratuit	Acheter
Un Ordinateur plus Rapide Identifiez les applications qui utilisent les ressources de votre ordinateur	✓	✓	✓
Protection de la vie Privée Supprimez les fichiers de suivi et les données de navigation	✓	✓	✓
Mise à jour de logiciels Met rapidement les applications à jour pour réduire les vulnérabilités de sécurité	✗	✓	✓
Nettoie Tout et Partout Même là où les autres nettoyeurs ne vont pas	✗	✓	✓
Élimine les fichiers indésirables Surveillance en temps réel des fichiers indésirables	✗	✓	✓
Nettoyage Automatique de l'Historique Nettoie votre navigateur lorsque vous le fermez	✗	✓	✓
Mise à jour Automatique CCleaner suit le rythme des mises à jour de vos navigateurs et de votre système d'exploitation	Manuelle	✓	✓
Des Disques durs plus Rapides et Durables Inclut Defraggler, préservant l'intégrité et le fonctionnement des disques durs			✓
Récupération de Fichiers Inclut Recuva, vous empêchant de perdre le moindre fichier			✓
Découvrez ce que Cache votre PC Inclut Speccy, vous permettant de localiser les problèmes ou de rechercher des mises à niveau compatibles			✓
	Téléchargement	Acheter	Acheter
		~~24,95 €~~ 12,49 €	~~39,95 €~~ 19,95 €

Êtes-vous un professionnel ? Obtenez CCleaner pour votre entreprise

110

Une fois que vous avez choisi la version que vous vouliez et après avoir configuré CCleaner en français, vous allez pouvoir nettoyer votre PC. Je vous ai mis ci-dessous quelques copies d'écrans.
Notez que vous devez fermer vos navigateurs avant d'utiliser CCleaner.

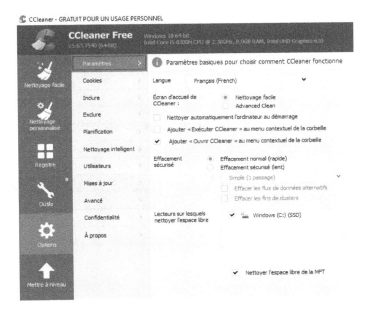

C'est dans les Options et Paramètres que l'on choisi la langue du logiciel.

Commencez par cliquer sur Nettoyage facile (menu de gauche), puis sur le bouton bleu Analyser.

Lorsque l'analyse est terminée, cliquez sur le bouton bleu Tout
nettoyer.

Pour terminer, je vous conseille de corriger les erreurs éventuelles
du registre.
Cliquez sur le bouton Registre dans la barre du menu à gauche.
Puis sur le bouton Chercher des erreurs.
Et une fois que l'analyse est terminée, cliquez sur Corriger les
erreurs sélectionnées.
Personnellement, je ne fais pas de sauvegarde du registre avant de
valider.

Je n'ai pas fait de sauvegarde du registre, et lorsque les réparation sont terminées, j'en ai fini avec CCleaner pour cette fois-ci.

Malwarebytes

La cybersécurité Malwarebytes pour Windows, Mac, Android ...
https://fr.malwarebytes.com ▾
Malwarebytes vous protège contre les malwares, ransomwares et autres menaces en ligne
avancées qui ont rendu les antivirus inefficaces et obsolètes.

Malwarebytes est un logiciel créé pour détecter et supprimer les logiciels malveillants. Je l'ai utilisé depuis des années pour nettoyer des ordinateurs de logiciels malveillants que les logiciels anti-virus (à l'exception de Norton360) laissaient passer.

Je pense qu'il est bon que vous connaissiez ce logiciel car il pourrait sauver la vie de votre ordinateur.

Vous pouvez télécharger le logiciel ici : https://fr.malwarebytes.com

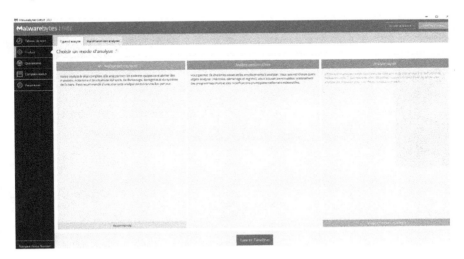

En version gratuite, vous allez pouvoir faire des analyses de votre disque dur mais vous ne serez pas protégé en temps réel.

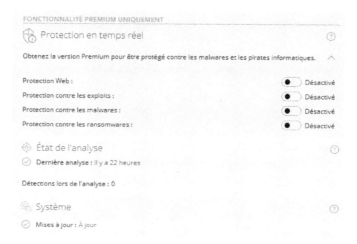

Ci-dessous, j'ai lancé une analyse personnalisée et j'ai coché la recherche de rookits, ce qui en a fait une analyse particulièrement longue.

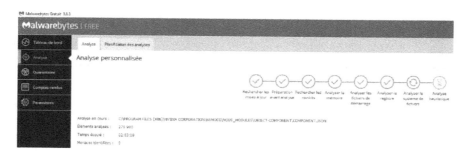

Sur l'écran ci-dessus, on voit que je n'avais aucune menace sur mon PC.

AdwCleaner

AdwCleaner est un logiciel gratuit qui permet de détecter et de nettoyer des logiciels indésirables comme les programmes publicitaires ou publiciels, les barres d'outils de navigateur internet, les programmes qui détournent la page de démarrage du navigateur internet et les programmes potentiellement indésirables.

Vous pouvez télécharger ce logiciel ici :
https://fr.malwarebytes.com/adwcleaner/

Un ordinateur lent ? Des messages étranges sortis de nulle part ? Votre page d'accueil de navigateur a changé sans votre autorisation ? Vous pourriez être victime d'un adware (et de ses amis), une variété furtive de malware bien difficile à détecter et encore plus difficile à supprimer. Malwarebytes AdwCleaner déploie une technologie innovante exclusivement dédiée à la détection et à la suppression de ces parasites indésirables. C'est l'utilitaire de nettoyage préféré des particuliers et des techniciens informatiques.

En ce qui me concerne, je me suis surtout servi de ce logiciel pour enlever les pop-ups de PC infectés par des pubs intempestives.

Lorsque je dépannais des ordinateurs, je passais la plupart du temps AdwCleaner, puis Malwarebytes et pour finir CCleaner.

Faites des sauvegardes sur un disque dur externe

Selon votre fréquence de travail, je vous conseille de faire régulièrement des sauvegardes d'une partie de vos dossiers de votre ordinateur vers un (ou plusieurs) disque dur externe.

Il est très facile sous Windows de faire des copies d'un dossier d'un disque dur vers un autre disque dur. Servez vous de cette facilité pour faire vos sauvegardes. Le jour où vous en aurez besoin, vous pourrez récupérer des fichiers ou la totalité d'un dossier si c'est nécessaire.

Ce matin, je cherchais une image que je ne trouvais plus sur mon ordinateur. Je l'ai cherché dans mon disque de sauvegarde et je l'ai trouvé.

Western Digital WDBU6Y0030BBK-WESN Disque dur externe 3 To USB 3.0
de Western Digital
★★★★☆ ˅   2,182 évaluations | 408 questions avec réponses

Prix : 96,04 € **Livraison GRATUITE** en France métropolitaine. Détails
Tous les prix incluent la TVA.

Lorsque vous n'avez qu'un seul To sur votre ordinateur, il est recommandé d'avoir au moins un disque dur externe d'au moins 3 To afin d'y copier tous vos documents importants et aussi parce qu'avec 1To sur votre PC, vous ne pouvez pas garder tout ce que vous voulez étant donné que le système d'exploitation Windows et vos logiciels prennent plus de la moitié de vos capacités de stockages et que le disque dur de votre ordinateur ne doit jamais être plein.

Nettoyer son PC avant de le donner ou le vendre

C'est toute votre vie qui se trouve sur votre ordinateur.
Avant de le donner ou le vendre, vous avez intérêt à supprimer toutes vos informations et vos fichiers personnels : codes bancaires, mots de passe, historiques de navigation, photos, etc.

Certains voudraient réinstaller Windows mais cela n'est pas nécessaire et vous risquez d'endommager ou de perdre le système d'exploitation (Windows).

Moi, je vous conseille plutôt de créer un nouveau compte administrateur local sans mot de passe, de redémarrer l'ordinateur et de vous connecter sur ce nouveau compte, puis de supprimer tous les autres comptes utilisateurs.

Ensuite, vous sur votre disque dur (Windows (C :) pour supprimer tous vos dossiers.

Windows va supprimer de son index de recherche, l'adressage pour trouver les fichiers que vous aurez supprimé. Mais pour un bon technicien informatique, ces fichiers effacés existent toujours et peuvent être récupérés.

Si vous jetez votre ordinateur, le mieux est de retirer le disque dur et le frapper avec un marteau pour le détruire physiquement.

Mais si vous voulez vendre ou donner votre PC, vous allez défragmenter votre disque dur afin que les fichiers non effacés prennent la place physiquement des fichiers effacés. Ainsi, un technicien informatique aura beaucoup de mal à récupérer les fichiers que vous aurez effacés puisqu'ils auront été écrasé physiquement par les fichiers non effacés.

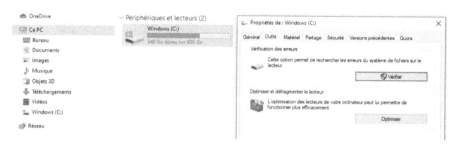

Après un clic droit sur le disque C, je clique sur « Propriétés », puis je clique sur l'onglet « Outils », « Vérifier » et pour finir « Optimiser ».

Cette opération va durer plusieurs heures en fonction du nombre de fichiers contenus sur votre disque dur.

Windows va tout simplement réorganiser le disque dur en déplaçant les fichiers existants morcelés pour le regrouper en un seul bloc.

La table d'index (Files Allocation Table) va être mis à jour pendant cette opération et vont fichiers supprimés ne seront plus retrouvables sinon quelques fragments par un excellent technicien informatique.

Je vous conseille de vérifier que les navigateurs internet qui se trouvent sur votre PC ne contiennent plus aucun mot de passe et si c'est le cas, vous les supprimer.

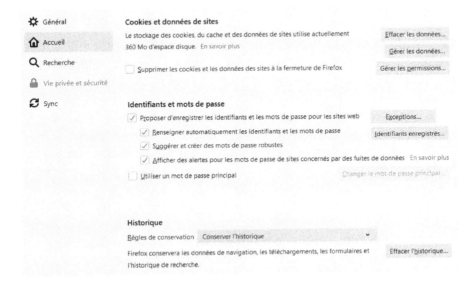

Vérifiez encore une fois qu'il n'y ait plus aucun fichier sur le disque dur.

Cette fois-ci, c'est bon, votre ordinateur peut être donné ou vendu, voire saisi par un juge (lol) □

Si tu as un doute, reboute !

Le fait de redémarrer un ordinateur est appelé rebouter (reboot en anglais). Un reboot est un terme anglais (reboot) signifiant « redémarrage ».

Tous les informaticiens et tous les techniciens vous le diront, si vous avez un problème avec un appareil électronique (une box internet ou un smartphone par exemple), il faut d'abord essayer de le redémarrer.
Dans 80%, cela résoudra votre problème.

Certains vont redémarrer plusieurs fois leur ordinateur, mais si un premier redémarrage n'a pas donné satisfaction, il faut alors chercher une autre solution. Exemple : si vous n'avez pas accès à internet, c'est peut-être parce que vous avez appuyé sur la touche F12 (le mode avion). Votre problème vient peut-être que le disque dur (le disque C) de votre ordinateur est presque plein.

Lorsque tout est bleu, c'est que ça va.
Lorsqu'il y a du rouge, c'est mauvais signe.

Les lecteurs vidéos

Il existe plusieurs lecteurs vidéos capables de lire la plupart des fichiers vidéos ainsi que les DVD.

Le plus ancien et le très vénérable VLC que j'utilise toujours. Il est disponible sur PC mais aussi en appli pour téléphone portable et télévision si vous utilisez le système Android comme c'est mon cas sur mes 2 télévisions.

Nova Video Player

Courville Software **Divertissement**

★ ★ ★ ★ ⌄ 2 311 👤

E Tout public

ⓘ Cette application est compatible avec vos appareils

Installée

Nova est un lecteur vidéo open-source conçu pour les téléphones, tablettes et Android TV disponible sur https://github.com/nova-video-player/aos-AVP

Lecteur universel:
- Lit les vidéos stockées sur votre ordinateur / serveur (FTP, SFTP) / NAS (SMB, UPnP)
- Lit les vidéos stockées sur SDcard et sur disques USB externes
- Les vidéos des différentes sources sont regroupées dans une collection unifiée
- Récupération automatique des descriptions et des posters des films et des séries TV
- Téléchargement automatiques des sous-titres

Le meilleur lecteur:
- Décodage accéléré hardware pour la plupart des appareils et des formats vidéo
- Support multi-piste audio et multi sous-titres

Depuis peu, j'ai découvert une appli pour lire les vidéos encore plus performante que VLC.

Ripper un CD audio

Convertir les fichiers d'un CD audio en fichiers MP3 est très facile et ne nécessite aucun logiciel supplémentaire autre le bon vieux lecteur Windows Media déjà installé sur Windows.

Comme on peut le voir ci-dessus, j'ai inséré le CD « Best of Slow » dans le lecteur CD de mon PC portable. Attention, tous les PC portable ne possèdent pas de lecteur CD/DVD.

En cliquant sur « Extraire le CD » sur le menu du haut, le lecteur Windows media a commencé à extraire les titres du CD pour les convertir en fichiers MP3.

Vous devriez vérifier quels sont les paramètres d'extraction (en cliquant sur le menu du haut).

En ce qui me concerne, j'ai coché la case Ejecter le CD après l'extraction, Format de fichiers MP3 et comme Emplacement : C:\PC de Thierry\MP3_Music A-Z

Ci-dessus, voici le résultat.

Comment ripper un DVD

Lorsque vous avez acheté un DVD, vous avez le droit d'en faire une copie de sauvegarde (on appelle cela ripper un DVD). Pour ce faire, j'utilise le logiciel WinX DVD Ripper Platinum.

La copie privée est autorisée en France en tant qu'exception au droit d'auteur aux termes de la loi de 1985, dite "Loi Lang". Le droit à la copie privée permet à tout individu de réaliser une copie de sauvegarde de tout support audiovisuel en vue d'un usage privé.

Vous pouvez commander le logiciel WinX DVD Ripper Platinum en version gratuite d'essai ou en version définitive.
L'utilisation est simple et intuitive et ne nécessite pas d'explication supplémentaire. Tout est indiqué à l'écran. Je recommande donc ce logiciel.

Comme je vais ripper un DVD de Systema (art martial russe), j'ai indiqué comme dossier de destination C:\Systema

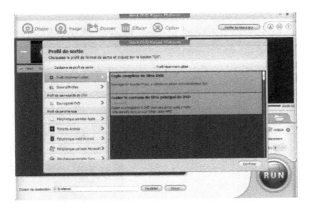

Après avoir confirmé le dossier de destination, j'ai choisi de faire une copie complète du DVD.

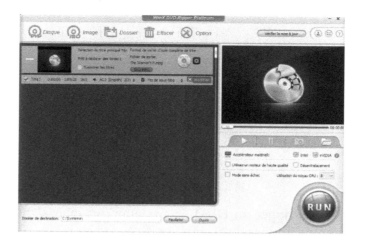

Dans certains DVD, on peut choisir la langue et si on veut de sous-titre. Dans mon DVD intitulé « The Warrio's path », je n'ai que de l'anglais et pas de sous-titre disponible.

J'ai donc appuyé sur le bouton RUN pour lancer la copie du DVD ?

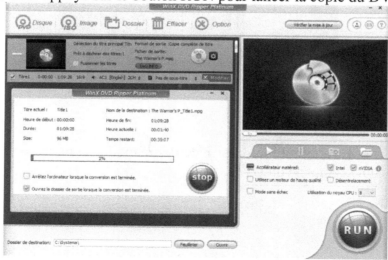

Nom	Date	Type	Taille	Durée
The Warrior's P_Title1.mpg	02/12/2019 17:02	Fichier MPG	4 127 196 Ko	01:09:42

Le fichier généré au format .mpg a une bonne qualité audio et vidéo.

Vous pourriez aussi utiliser le logiciel gratuit VLC.
VLC est avant tout un lecteur de vidéos mais on pourrait l'utiliser pour convertir un DVD en fichier MP4 par exemple.

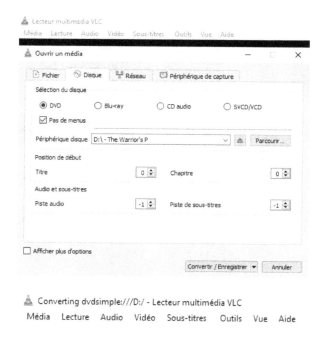

J'ai bien obtenu un vidéo au format MP4 mais sans le son.

test.mp4	02/12/2019 16:46	Fichier MP4	314 526 Ko

Le fichier obtenu ne contient que l'image mais pas le son.

Bref, je ne recommande pas VLC pour ripper un DVD.

Télécharger des vidéos sur Youtube

Ceci est également valable pour télécharger la piste MP3 d'une vidéo.

Tout d'abord, je conseille d'utiliser les sites internet suivants :
https://videocyborg.com
https://www.onlinevideoconverter.com/youtube-converter

Vous avez juste à copier l'url de la vidéo dans la zone de saisie ci-dessus. Exemple d'url d'une vidéo sur Youtube :
https://www.youtube.com/watch?v=-0LqXCRmNbc

Vous pouvez essayer l'un de ces deux sites internet pour télécharger des vidéos mais également des fichiers MP3.

Vous pouvez aussi télécharger une vidéo ou le son de la vidéo au format MP3 simplement en ajoutant le mot link après le www.

Exemple d'une vidéo sur Youtube :
https://www.youtube.com/watch?v=Dtu5yGDttCw
J'ajoute le mot link, ce qui donne :
https://www.linkyoutube.com/watch?v=Dtu5yGDttCw

Il faut ensuite cliquer sur le bouton Load Options, puis choisir entre MP4 pour la vidéo et Listen pour le fichier MP3.

Puis sur le lien > Click here to continue <
Et enfin sur Click here to start

Télécharger des fichiers MP3

Dans le chapitre précédent, j'ai évoqué la possibilité de télécharger des fichiers MP3 en ajoutant « link » après le www. d'une vidéo ou en utilisant les 2 sites internet suivants :
https://videocyborg.com
https://www.onlinevideoconverter.com/youtube-converter
Mais comme ces sites sont potentiellement dangereux, je vous conseille plutôt d'utiliser link.
Je vais prendre comme exemple le très bel hymne national de la Russie, sous-titré en français que l'on peut trouver ici :
https://www.youtube.com/watch?v=EDWV6gYB0FM

> 🔍 https://www.linkyoutube.com/watch?v=EDWV6gYB0FM

Comme on peut le voir sur l'image ci-dessus, j'ai ajouté le mot link dans l'url de la vidéo, ce qui a donné ceci :
https://www.linkyoutube.com/watch?v=EDWV6gYB0FM

Maintenant, je vais cliquer sur le bouton « Load Options ».

Au bout de 4 secondes, j'obtiens l'écran ci-dessus et il me reste à cliquer sur « Listen new ».

Je clique sur le lien « Click here to continue ».

Et au bout de 4 secondes encore, il ne me reste plus qu'à cliquer sur le lien « Click here to start ».

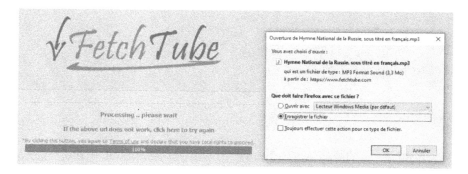

Lorsque la barre bleu affiche 100%, une fenêtre grise m'informe que je peux télécharger le fichier MP3.

Commandes DOS ou cmd

Invite de commande. L'invite de commande (en anglais prompt) est un outil permettant de lancer directement des commandes systèmes sur Windows. Pour ouvrir cet outil, il suffit de cliquer sur le menu démarrer, de taper cmd et de cliquer sur cmd.exe.

Il faut taper cmd en bas à droite dans la zone de recherche.

Pour connaître la liste des commandes dos possible, vous pouvez taper la commande help (puis Entrée). Voir la copie d'écran ci-dessous.

Les principales commandes DOS sont :

CD Changer de répertoire.

COPY Copier des fichiers.

DEL Effacer un fichier.

DELTREE Effacer un répertoire.

DIR Afficher la liste des dossiers et fichiers.

ECHO Affiche un texte à l'écran. "@Echo off" en début de programme masquera le résultat des commandes effectuées (pour un programme en batch par exemple).

EDIT Éditer un fichier texte ou batch.

FDISK Créer et afficher les partitions.

FORMAT Formater un disque.

HELP Lister les commandes disponibles et les paramètres.

KEYB Changer le type de clavier (KEYB US ou KEYB FR)

MD Créer un répertoire.

TYPE Afficher un fichier texte.

XCOPY Copier des fichiers et des répertoires.

RD Supprimer un répertoire.

Il est aussi possible d'afficher l'aide relative à une commande en tapant "help commande".

Exemple : Je veux afficher l'aide de la commande CD.

Je vais donc écrire : "help cd".

On se déplace sur le disque avec la commande cd, exemple cd\ (pour aller directement au répertoire principal) ou cd.. (pour revenir au répertoire précédent.

Toutes ces commandes sont des commandes DOS (ou MS-DOS).

Elles datent du système d'exploitation de Microsoft MS-DOS.

Avec cela, ce sont ajoutées des commandes NT.

```
C:\>ping google.com

Envoi d'une requête 'ping' sur google.com [2a00:1450:4007:809::200e] avec 32 octets de données :
Réponse de 2a00:1450:4007:809::200e : temps=4 ms
Réponse de 2a00:1450:4007:809::200e : temps=12 ms
Réponse de 2a00:1450:4007:809::200e : temps=6 ms
Réponse de 2a00:1450:4007:809::200e : temps=5 ms

Statistiques Ping pour 2a00:1450:4007:809::200e:
    Paquets : envoyés = 4, reçus = 4, perdus = 0 (perte 0%),
Durée approximative des boucles en millisecondes :
    Minimum = 4ms, Maximum = 12ms, Moyenne = 6ms
C:\>
```

Ci-dessus, la commande ping.

Le ping est une commande qui permet d'envoyer un message à un ordinateur qui peut répondre.

Cela permet notamment de savoir si un équipement réseau répond et est donc bien actif sur un réseau donné.

En outre, vous obtenez le délai de réponse de chaque ping et des statistiques sur la perte de paquets dans le cas de problèmes de communications réseau (mauvaise connexion, congestion du réseau, etc).

```
C:\>tracert google.com

Détermination de l'itinéraire vers google.com [2a00:1450:4007:80c::200e]
avec un maximum de 30 sauts :

  1     1 ms     1 ms     2 ms  2a01:e0a:173:180::1
  2     5 ms     2 ms     2 ms  2a01:e00:1006:f836:855f::ffff
  3     5 ms     4 ms     3 ms  2a01:e00:1006:1700::ffff
  4     5 ms     3 ms     2 ms  2a01:e00:1006::2
  5     *        *       13 ms  2a01:e00:28::16
  6     *        *        *     Délai d'attente de la demande dépassé.
  7     5 ms     3 ms     4 ms  2001:4860:1:1:0:3022:0:4
  8     *        6 ms     *     2001:4860:0:1018::1
  9     3 ms     3 ms     2 ms  2001:4860:0:1::2337
 10     4 ms    22 ms     4 ms  par21s11-in-x0e.1e100.net [2a00:1450:4007:80c::200e]

Itinéraire déterminé.
```

Vous pouvez aussi tracer (remonter) une adresse IP ou un site internet pour savoir quel est son itinéraire grâce à la commande tracert.

```
C:\>ipconfig

Configuration IP de Windows

Carte Ethernet Ethernet :

   Statut du média. . . . . . . . . . . . : Média déconnecté
   Suffixe DNS propre à la connexion. . . :

Carte Ethernet Ethernet 3 :

   Statut du média. . . . . . . . . . . . : Média déconnecté
   Suffixe DNS propre à la connexion. . . :

Carte réseau sans fil Connexion au réseau local* 1 :

   Statut du média. . . . . . . . . . . . : Média déconnecté
   Suffixe DNS propre à la connexion. . . :

Carte réseau sans fil Connexion au réseau local* 2 :

   Statut du média. . . . . . . . . . . . : Média déconnecté
   Suffixe DNS propre à la connexion. . . :

Carte réseau sans fil Wi-Fi :

   Suffixe DNS propre à la connexion. . . :
   Adresse IPv6. . . . . . . . . . . . . . : 2a01:e0a:173:180:e999:9ad8:ec5c:8a63
   Adresse IPv6 temporaire . . . . . . . . : 2a01:e0a:173:180:482e:62c6:f870:61c4
   Adresse IPv6 de liaison locale. . . . . : fe80::e999:9ad8:ec5c:8a63%19
   Adresse IPv4. . . . . . . . . . . . . . : 192.168.1.25
   Masque de sous-réseau. . . . . . . . . : 255.255.255.0
   Passerelle par défaut. . . . . . . . . : fe80::3627:92ff:fe47:12a%19
                                            192.168.1.254

Carte Ethernet Connexion réseau Bluetooth :

   Statut du média. . . . . . . . . . . . : Média déconnecté
   Suffixe DNS propre à la connexion. . . :

C:\>
```

La commande ipconfig permet entre autres de connaître l'adresse IP de son ordinateur.

```
C:\>ipconfig/h

Erreur : ligne de commande inconnue ou incomplète.

UTILISATION :
    ipconfig [/allcompartments] [/? | /all |
                                 /renew [carte] | /release [carte] |
                                 /renew6 [carte] | /release6 [carte] |
                                 /flushdns | /displaydns | /registerdns |
                                 /showclassid carte |
                                 /setclassid carte [ID_classe] |
                                 /showclassid6 carte |
                                 /setclassid6 carte [ID_classe] ]

où
    carte               Nom de connexion
                        (caractères génériques * et ? autorisés, voir les
                        exemples)

    Options :
       /?               Affiche ce message d'aide
       /all             Affiche toutes les informations de configuration.
       /release         Libère l'adresse IPv4 pour la carte spécifiée.
       /release6        Libère l'adresse IPv6 pour la carte spécifiée.
       /renew           Renouvelle l'adresse IPv4 pour la carte spécifiée.
       /renew6          Renouvelle l'adresse IPv6 pour la carte spécifiée.
       /flushdns        Purge le cache de résolution DNS.
       /registerdns     Actualise tous les baux DHCP et réenregistre les noms
                        DNS
       /displaydns      Affiche le contenu du cache de résolution DNS.
       /showclassid     Affiche tous les ID de classe DHCP autorisés pour la
                        carte.
       /setclassid      Modifie l'ID de classe DHCP.
       /showclassid6    Affiche tous les ID de classe DHCP IPv6 autorisés pour
                        la carte.
       /setclassid6     Modifie l'ID de classe DHCP IPv6.

La valeur par défaut affiche uniquement l'adresse IP, le masque de sous-réseau
et la passerelle par défaut de chaque carte liée à TCP/IP.

Pour Release et Renew, si aucun nom de carte n'est spécifié, les baux d'adresse
IP pour toutes les cartes liées à TCP/IP sont libérés ou renouvelés.

Pour Setclassid et Setclassid6, si aucun ID de classe n'est spécifié, l'ID de
classe est supprimé.

Exemples :
    > ipconfig                      ... Affiche des informations
    > ipconfig /all                 ... Affiche des informations détaillées
    > ipconfig /renew               ... renouvelle toutes les cartes
    > ipconfig /renew EL*           ... renouvelle toute connexion dont le nom
                                        commence par EL
    > ipconfig /release *Con*       ... libère toutes les connexions
                                        correspondantes,
                                        par ex. « Connexion Ethernet
                                        câblée 1 » ou « Connexion Ethernet
                                        câblée 2 »
    > ipconfig /allcompartments     ... Affiche des informations sur tous les
                                        compartiments
```

Vous pouvez à la suite d'une commande tapez /h pour obtenir de
l'aide sur la commande. Exemple ci-dessus avec ipconfig/h

```
C:\>ver

Microsoft Windows [version 10.0.18362.476]

C:\>
```

La commande ver permet de connaître la version de Windows.

Je conseille de quitter proprement la fenêtre de commande en tapant la commande exit.

Lorsque j'étais administrateur réseaux pour Amadeus, j'utilisais d'autres commandes réseaux en mode texte qui me permettaient notamment d'envoyer un message système sur tous les ordinateurs de l'entreprise annonçant par exemple une opération de maintenance dans 10 minutes et mon message s'affichait sur tous les PC par-dessus les applications en cours.
Je pouvais depuis mon ordinateur tuer une tâche sur l'application d'un de mes collègues, éteindre son ordinateur et éteindre à distance tous les ordinateurs qui étaient sur notre réseaux.
A l'époque, le système d'exploitation de notre entreprise était Windows NT4.

Netflix

Sélectionnez le forfait qui vous convient.
Vous pouvez changer de forfait à tout moment.

NETFLIX

	Essentiel	Standard	Premium
Abonnement mensuel	7,99 €	11,99 €	15,99 €
HD disponible	✕	✓	✓
Ultra HD disponible	✓	✕	✓
Écrans disponibles en simultané	1	2	4
Netflix sur votre ordinateur, TV, smartphone et tablette	✓	✓	✓
Films et séries TV en illimité	✓	✓	✓
Annulable à tout moment	✓	✓	✓

La disponibilité de la HD et de la Ultra HD dépend de votre Pas et des capacités de l'appareil. Les contenus ne sont pas tous disponibles en HD ou Ultra HD. Pour en savoir plus, veuillez consulter les Conditions d'utilisation.

Pour un abonnement mensuel vous pouvez voir un nombre incalculable de films, séries et documentaires avec un choix de langues et de sous-titres sur votre ordinateur, tablette, smartphone ou télévision.

Avec Netflix, plus besoin de prendre le risque de télécharger des films ou des séries.

Molotov

Molotov permet d'accéder aux chaînes de télévision de façon radicalement innovante. ... Leur ambition : mettre en valeur grâce aux nouvelles technologies, la richesse et la diversité des programmes proposés par les chaînes de télévision françaises sur tous les écrans.

https://www.molotov.tv

En téléchargeant cette application, vous pourrez regarder la télévision française sur un ordinateur, une tablette, un smartphone ou un téléviseur connecté.

Box TV sous Android

https://amzn.to/37ksMnq

Xiaomi PFJ4086EU - Mi Box S - Boitier TV Multimedia Android TV 8.1 Ultra HD 4K, HDR, Chromecast et télécommande avec Micro/Version EU

Cette box qui coûte environ 70 euros permet de transformer une télévision normale en Smart TV (ou télé connectée).

Les smartTV, ou téléviseurs intelligents, sont des téléviseurs pourvus de fonctions spéciales permettant d'effectuer des actions particulières comme afficher des sites Internet, accéder à du contenu multimédia placé sur vos ordinateurs, connecter toute sorte de support comme un disque dur externe ou encore une clé USB.

Avec cette box Xiaomi, vous pourrez regarder Netflix, YouTube, Facebook, etc. sur votre télévision.

Les sites de streaming et de téléchargement

J'ai décidé d'ajouter cette page pour mettre en garde ceux qui téléchargent des films (téléchargement direct) ou qui regardent des films en streaming car ils s'exposent à subir des intrusions de malwares ou adwares

Un logiciel malveillant ou maliciel, aussi dénommé logiciel nuisible ou programme malveillant ou pourriciel, est un programme développé dans le but de nuire à un système informatique, sans le consentement de l'utilisateur dont l'ordinateur est infecté.

Un adware est un logiciel permettant à son éditeur de générer des revenus publicitaires et qui est le plus souvent installé à l'insu de l'Internaute, lorsque celui-ci installe un logiciel de natures diverses librement disponible en téléchargement.

Les liens des sites internet changent régulièrement, chaque mois, voire chaque semaine.
Ne prenez pas le risque d'infecter un PC neuf avec ce genre de site internet.

Si vous pensez avoir subi des intrusions et que votre ordinateur est compromis, vous pouvez faire appel à mon association : cumps.association@gmail.com ou http://cumps-association.blogspot.com

Disque USB pour télévision

Cela fait des années que je connecte des disques usb sur mes télévisions.

Ci-dessus, 2 disques USB de 2 To au format NTFS.
Celui de gauche est supporté uniquement par la télé de ma chambre alors que celui de droite est supporté uniquement par la télé de ma salle à manger.

Si vous essayez un disque USB de plus de 2 To, il y a de fortes chances qu'ils ne soient pas détectés par votre télévision.
Je garde mes disques USB de 3 To et + pour mes sauvegardes car aucune de mes télés ne les détecte.

On recommande les disques formatés en FAT32 ou NTFS mais depuis Windows Vista, c'est le format NTFS qui est utilisé. Il est plus rapide que le formatage en FAT et permet de gérer de gros fichiers.

Note : Mon PC sous Linux prend en compte mes disques USB au format NTFS sans problème.

Le NTFS est plus rapide. En FAT32, un seul fichier ne peut pas dépasser la taille de 4 Go alors que la taille est quasi illimitée en NTFS. La taille minimale d'une unité d'allocation est de 4 ko avec le FAT32, contre 512 octets avec le NTFS. ... La taille maximale d'une partition FAT32 est de 32 GB sous Windows.

Tout d'abord : **Pourquoi connecter un disque USB sur le port USB d'un téléviseur ?**

Pour stocker sur un disque dur tous vos DVD. Il suffit pour cela de les ripper avec un logiciel comme WinX DVD Ripper Platinum.
Pour stocker les vidéos que vous avez téléchargé (par exemple à partir de YouTube).

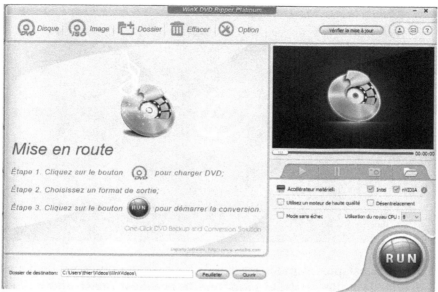

Pour stocker les vidéos que vous avez réalisé.

Parce que cela prend moins de place que les DVD.

Comment savoir si le disque USB de 2 To va être détecté sur ma télé ?

Vous ne pouvez pas le savoir. Aussi je vous conseille d'en acheter 2 de 2 marques différentes.

Que faire si ma télé ne détecte plus mon disque USB ?

J'ai déjà eu le cas plusieurs fois. Il faut éteindre la télé, attendre un peu puis la rallumer ou déconnecter le disque USB et le rebrancher.

Lorsque plus rien ne marche, il faut restaurer les paramètres usines de votre télé. Il vous demandera de confirmer et votre mot de passe (je l'ai fait aujourd'hui).

Ensuite, il faut remettre la langue en français, choisir le pays et scanner les chaines si vous avez un câble antenne branché sur cette télé. Cela ne prend que quelques minutes.
Ça a fonctionné pour moi.

On espère toujours qu'avec le temps, les nouvelles télévisions prendront en compte des disques USB de 3 To, voire plus.

Test compatibilité disques USB avec ma télé

J'ai testé ce matin tous mes disques USB avec la télévision de ma salle à manger et voici le résultat :

Les disques USB de 3 To et de 5 To ne sont pas lus sur ma télévision.

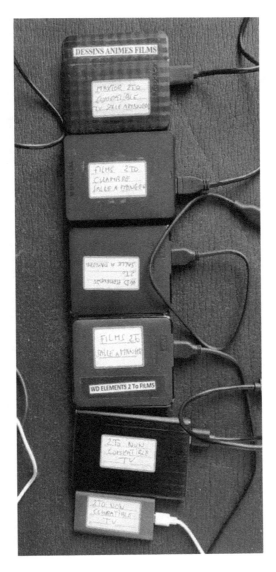

Tous mes disques USB de 2 To sont lus par ma télé à l'exception des 2 derniers achetés sur Amazon et qui n'ont pas de marque.

Disque Dur Externe 2to USB3.0 pour PC, Desktop, Laptop(2TB,Noir)
Eligible au retour jusqu'au 18 oct. 2021

Acheter à nouveau   Afficher votre article

Disque dur externe portable de 2 To, disque dur externe fin USB 3.1 compatible avec PC portable et Mac (2 To, Gray-B)
Eligible au retour jusqu'au 18 oct. 2021

Acheter à nouveau   Afficher votre article

N'achetez pas ces disques USB !

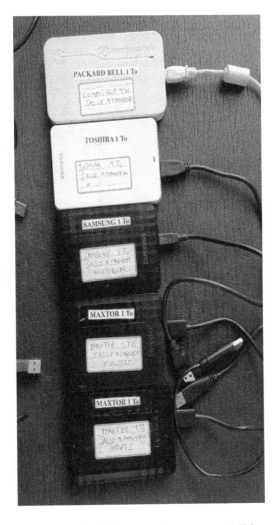

Tous mes disques USB de 1 To sont lus par ma télé.

La suite OpenOffice

La suite bureautique OpenOffice est gratuite et elle comprend une base de données, un tableur, un logiciel de dessin, un logiciel de présentation, un logiciel mathématique et un traitement de texte.

Cette suite bureautique gratuite est disponible à l'adresse : https://www.openoffice.org/fr/

OpenOffice La suite bureautique libre et gratuite

home » fr

| Produits | Télécharger | Support

Information

Besoin d'aide ?

Documentation

Participer

Modèles

Projet francophone Apache OpenOffice

Ce site a pour but d'apporter outils et ressources aux francophones pour le téléchargement, l'utilisation et le développement de la suite bureautique libre OpenOffice

Télécharger
Apache OpenOffice
version : 4.1.7 (FR)

161

La suite LibreOffice

Si je parle de la suite bureautique OpenOffice, je suis obligé de parler de la suite bureautique LibreOffice qui est une version légèrement différente de la première issue d'une scission (un fork) de l'équipe de développeurs d'OpenOffice.

LibreOffice est une suite bureautique libre et gratuite, dérivée du projet OpenOffice.org, créée et gérée par The Document Foundation. LibreOffice est notamment soutenu par la Fondation pour le logiciel libre et rassemble autour du projet une grande partie de l'ancienne « communauté d'OpenOffice.org ».

Faites plus - facilement, rapidement

LibreOffice est une suite bureautique puissante ; son interface claire et ses outils avancés libèrent votre créativité et accroissent votre productivité. LibreOffice intègre plusieurs applications qui en font la suite bureautique Libre & Open Source la plus évoluée du marché.

Vous pouvez télécharger LibreOffice à l'adresse suivante : https://fr.libreoffice.org

162

En ce qui me concerne, j'utilise surtout le traitement de texte Word de la suite bureautique Microsoft Office.

La suite Microsoft Office

Cette suite bureautique est sans doute plus connue que les deux précédentes suites, malheureusement elle est payante.

Détails de commande   Commandé le 12 août 2019 (1 article)

Microsoft **Office** 2019 Professional Plus pour 1PC (seulement pour windows 10) | Licence numérique originale Envoyé dans un jour par E-mail

Vendu par : MAIN SOFTWARE PARTNER

Acheter à nouveau

En ce qui me concerne, j'avais eu la chance de la trouver sur Amazon à un bon prix. A vous de chercher sur Amazon si vous pouvez vous-aussi la commander à un prix raisonnable.

En fait, je l'utilise surtout pour le traitement de texte Word car il a des trucs en plus que non pas ses concurrents gratuits.

Les réseaux sociaux

L plupart d'entre vous connaissent très bien les réseaux sociaux mais cet article de découverte des réseaux sociaux s'adresse à ceux qui, comme de nombreux séniors, connaissent mal ces outils de communication que sont les réseaux sociaux.

En tête de ce classement, on trouve Facebook, le premier réseau social au monde. Vous pouvez y créer facilement une page pour parler de vous ou de votre entreprise. Vous pouvez aussi payer des annonces sponsorisées pour parler de vos produits.

Ci-dessus, 2 petits articles que j'ai publié sur ma page Facebook pour parler de ce livre.

YouTube est le deuxième réseau social mais je ne suis pas sûr que les annonces publicitaires soient aussi efficaces que sur Facebook.

Pour ma part, j'utilise Facebook et YouTube. Je parle de ce livre sur Facebook et je devrais sortir une petite vidéo sur YouTube prochainement.

Cependant, j'utilise surtout mes blogs créés à partir de la plateforme de Google Blogger. D'ailleurs, je vais consacrer un chapitre sur la façon de créer un blog avec Blogger car cet outil de Google est entièrement gratuit (comme Gmail) et les articles postés sur votre blog seront visibles par tous les moteurs de recherche, Google compris.

WhatsApp serait le 3ème réseau social au monde. J'utilise cette application téléphonique pour communiquer à distance mais je ne la vois pas comme un outil marketing.

Facebook Messenger serait le 4ème réseau social au monde. J'utilise aussi cette application pour communiquer à distance. Même remarque que pour WhatsApp.

WeChat serait le 5ème réseau social au monde. WeChat est un peu comme WhatsApp.

Instagram serait le 6ème réseau social au monde. C'est surtout une appli de partage de photos.

Je ne vais pas aller plus loin dans les réseaux sociaux mais sachez que Twitter et Snapchat serait respectivement les 18ème et 19ème réseaux sociaux au monde.
Quant à Linkedin et Pinterest, ils seraient respectivement les 25ème et 26ème réseaux sociaux au monde.

A la 35ème place, l'application chinoise de retouche photo Meitu. Malheureusement, certaines fonctionnalités de Meitu sont réservées au continent asiatique.

Exemples de dessins créés par l'appli Meitu à partir de photos

Faire sa pub avec Facebook

De plus en plus de gens ou d'entreprises font leur publicité grâce à Facebook. Il y a les annonces sponsorisées pour lesquelles on paye mais on peut aussi utiliser sa page personnelle ou une page non personnelle qu'on aurait créé pour cette occasion.

On voit ci-dessus, que j'ai partagé un article sur Facebook que j'avais au préalable publié sur l'un de mes blogs. Mais vous n'êtes pas obligé d'avoir un blog pour faire la publicité d'un de vos produits.

Je partage aussi des livres que j'ai publié sur Amazon en passant par le bouton Partage d'Amazon.

Vous pourriez tout aussi bien écrire un message directement sur Facebook, comme un texte, une image, un prix et une adresse mail pour commander.

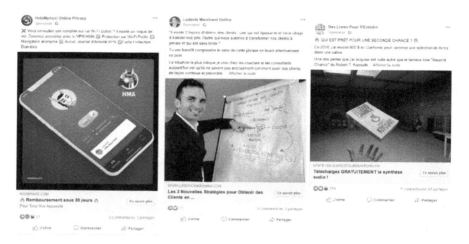

On trouve de plus en plus ce genre d'annonces sponsorisées sur Facebook.

En ce qui me concerne, je n'ai jamais payé pour passer des annonces sur Facebook, mais cela ne me semble pas trop difficile.

Il suffit de commencer par cliquer sur « Publicité sur Facebook » après avoir ouvert le menu à l'aide de la flèche blanche vers le bas.

Vous pouvez aller directement à l'adresse :
https://www.facebook.com/business/

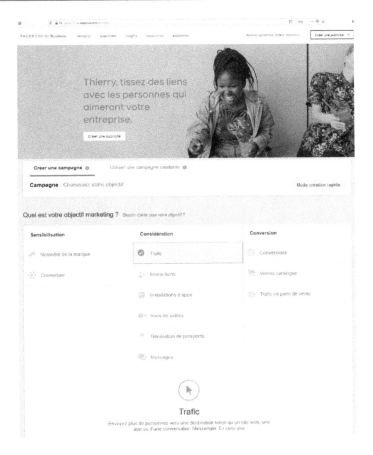

Je ne vais pas aller plus loin car je ne souhaite pas payer pour lancer une campagne publicitaire sur Facebook ou Google mais sachez que c'est possible.

Dans le cadre de mon association pour la visibilité sur internet, je préfère conseiller des solutions durables dans le temps plutôt que des campagnes publicitaires couteuses qui augmentent votre trafic et votre chiffre d'affaire momentanément.

PayPal

PayPal : la solution simple et sécurisée pour payer et être payé.

PayPal est une entreprise américaine offrant un système de service de paiement en ligne dans le monde entier. La plateforme sert d'alternative au paiement par chèque ou par carte bleue. Le site opère comme étant un procédé de paiement pour les sites de commerce électronique, les enchères ainsi que d'autres utilisations commerciales pour laquelle ils perçoivent une redevance en échange de bénéfices tel qu'une transaction en un clic et un enregistrement d'un mot de passe. Le système de payement Paypal, aussi appelé Paypal, est considéré comme étant une plateforme de payement.

Le site internet de PayPal est : https://www.paypal.com/fr/home

En bref, vous pouvez utiliser PayPal pour payer ou recevoir de l'argent.

Si vous voulez envoyer des dons à mon association par exemple, il suffit que je vous donne l'adresse email de mon association : cumps.association@gmail.com
Si vous voulez que je vous envoi de l'argent, il suffit que vous me donnez votre adresse mail.
Si je n'ai pas d'argent sur mon compte PayPal, je n'ai qu'à enregistrer ma carte bancaire sur le site PayPal pour pouvoir payer des produits ou des services sur un site internet qui utilise ce moyen de paiement.

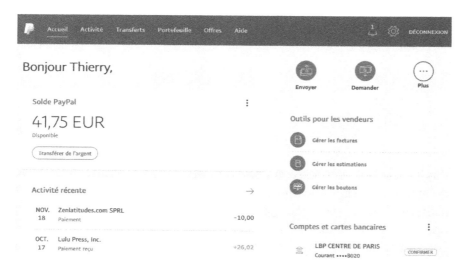

Ci-dessus, voici une copie d'écran de mon compte PayPal perso.

Paypal est très intuitif mais je suis prêt à développer plus en détail les fonctionnalités de Paypal si vous le souhaitez.

Paylib

Paylib est un système de paiement 100% français qui nécessite un numéro de téléphone là où Paypal nécessite une adresse mail.

Avec Paylib, finie la galère pour envoyer de l'argent à vos amis. Un simple numéro de téléphone vous suffit. Votre bénéficiaire est informé par SMS et reçoit directement l'argent sur son compte bancaire.

Le site internet de Paylib est : https://www.paylib.fr

Pour savoir si vous pouvez utiliser Paylib avec votre banque française, cliquez ici : https://www.paylib.fr/activer-paylib/

Skrill

Le site internet est : https://www.skrill.com/fr/

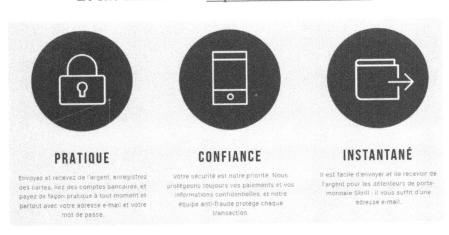

Skrill est une entreprise britannique créée en 2001 proposant un service de banque et de paiement en ligne : elle permet d'envoyer et de recevoir de l'argent instantanément. Au 12 octobre 2012, elle revendique 30 millions d'utilisateurs inscrits. Le service fonctionne avec une multitude de devises.

Anciennement Skrill était Moneybooker. Skrill est l'une des plateformes bancaires internationales les moins gourmandes en termes de frais. Moins onéreuse que Western Union ou PayPal et pourtant moins connu.

Exemple avec l'envoi de 50 euros de la France vers les Philippines.

Skrill, ce n'est pas seulement un moyen d'envoyer de l'argent gratuitement d'un compte bancaire vers un autre compte bancaire. Skrill, c'est aussi une solution de paiement en ligne.

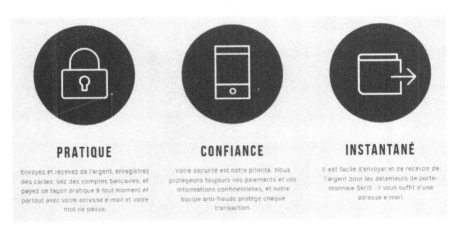

PRATIQUE

Envoyez et recevez de l'argent, enregistrez des cartes, liez des comptes bancaires, et payez de façon pratique à tout moment et partout avec votre adresse e-mail et votre mot de passe.

CONFIANCE

Votre sécurité est notre priorité. Nous protégeons toujours vos paiements et vos informations confidentielles, et notre équipe anti-fraude protège chaque transaction.

INSTANTANÉ

Il est facile d'envoyer et de recevoir de l'argent pour les détenteurs de porte-monnaie Skrill : il vous suffit d'une adresse e-mail.

Je ne conseille pas d'acheter des crypto-monnaies mais on peu facilement en acheter avec Skrill.

D'ailleurs, ceux qui s'enrichissent le plus avec les crypto-monnaies, ceux sont qui les ont créés et qui les gèrent. Eux, ils sont sûr de ne jamais perdre de l'argent.

J'ai déjà dit qu'on pouvait utiliser Skrill pour payer en ligne mais le plus avec Skrill par rapport à PayPal, c'est qu'on peut disposer d'un carte bancaire Mastercard gratuitement qui nous permet de retirer de l'argent dans des distributeurs bancaires partout dans le monde et aussi de payer dans les supermarchés et autres boutiques.

A l'époque ou Skrill était Moneybooker, j'avais un compte bancaire chez eux ainsi que leur carte bancaire.

Profitez d'un accès instantané au solde de votre compte et utilisez-le partout où Mastercard : est acceptée avec la carte Skrill Prepaid Mastercard. Il vous suffit de quelques secondes pour commander votre carte et elle est disponible dans quatre devises ; Euro, Livre Sterling britannique, Dollar américain et Zloty polonais. Vous recevrez votre carte en 7 à 10 jours vous permettant d'effectuer vos paiements en ligne et dans les magasins qui acceptent les cartes Mastercard et retirer des espèces dans les distributeurs automatiques dans le monde entier.

Nous n'effectuons pas de vérification de crédit et vous bénéficiez d'une confidentialité supplémentaire puisque votre solde Skrill n'est pas lié à votre compte bancaire. Votre carte sans contact Skrill vous permet de faire un achat rapide, facile et sécurisé. Appuyez-la simplement pour payer sans contact dès que vous voyez le symbole universel associé.

ACHATS

Payez en ligne et dans vos marchands
préférés

DÉPENSES À L'ÉTRANGER

Utilisez votre solde dans le monde entier

RETRAIT

Des espèces dans plus de 2,1 millions de
distributeurs automatiques dans le monde
entier

Veracash

VeraCash réinvente
l'or comme monnaie
d'échange

Avec VeraCash, il est désormais possible d'épargner
et de payer avec des métaux précieux !
Grâce à un compte, une carte de paiement et une
monnaie adossée à l'or et à l'argent physique, sortez
du système bancaire traditionnel sans changer vos
habitudes !

**Des milliers d'utilisateurs ont déjà adopté VeraCash,
pourquoi pas vous ?**

Le site internet est : https://www.veracash.fr

Il y a quelques années, ce n'était pas VeraCash mais Veracarte.
Quoiqu'il en soit, il s'agit d'un service bancaire tout aussi fiable
sinon plus que PayPal ou Skrill.

VeraCash est une Fintech française fondée le 31 décembre 2014
par Jean-François Faure. L'entreprise VeraCash est spécialisée
dans la vente de métaux précieux. La particularité de VeraCash est
de proposer un compte et une carte de paiement adossés à l'or et à
l'argent.
Le sous-jacent des comptes VeraCash est la Vera Valor, et est
stocké aux Ports Francs et Entrepôts de Genève.

Historique :
La société AuCOFFRE.com lance la VeraCarte en décembre 2012,
une carte prépayée Mastercard adossée à un compte d'or.

Le 31 décembre 2014, la société VeraCash est fondée afin de se séparer de l'entité AuCOFFRE.com et de proposer aux utilisateurs de la VeraCarte un moyen de gérer leurs finances en dehors du système bancaire.

Au démarrage, les frais de la VeraCarte s'élèvent à 110€ par an, mais un an plus tard, en décembre 2013, l'abonnement descend à 40€ pour trois ans. Depuis juillet 2017, il est gratuit.

En mai 2014, l'argent et le diamant sont intégrés au service, devenant ainsi des actifs dans lesquels les utilisateurs peuvent investir, au même titre que l'or.

En janvier 2016, la plateforme en ligne et l'application proposent l'envoi gratuit de matières précieuses de pair à pair, entre membres VeraCash.

En novembre 2016, VeraCash se lance dans une levée de fonds par crowdfunding dans le but de développer son offre à l'international, et avec une équipe plus importante. L'entreprise lève plus de 500.000€.

En mars 2017, VeraCash est classée 74ème dans le classement des 500 entreprises de la Tech française par FrenchWeb.

En décembre 2017, VeraCash remporte le prix Blue Ocean Awards dans la catégorie mentor.

En mars 2018, VeraCash remporte le prix PayFORUM dans la catégorie Instant Payment.

En mai 2018, VeraCash est élue « Pépite Génération French Tech 2018 » par SNCF Développement dans la catégorie Paiement.

VeraCash, tout simplement le meilleur compte hors de la banque
Subprimes, manipulation des marchés, des taux, blanchiment d'argent et fraude fiscale… la finance utilise tous les instruments légaux ou illégaux à sa disposition pour augmenter ses profits et éviter de payer des impôts. Comment confier son argent à des institutions à qui on ne fait plus confiance ?

Si on ne peut pas se passer de banque au quotidien, on peut choisir de ne pas y mettre tout son argent ! VeraCash propose un compte et une carte de paiement hors du système bancaire et garantis par des valeurs refuges !

VeraCash comme monnaie hybride
En décembre 2017, VeraCash remportait le titre "Mentor" aux Blue Ocean Awards, décrite comme une "monnaie aussi souple que le Bitcoin et aussi stable que des lingots d'or".
Aussi souple qu'une crypto-monnaie
Disposez de vos VeraCash de la manière dont vous le souhaitez. Envoyez-en, faites une cagnotte commune, payez pour une marchandise, remboursez un ami… Autant de fonctionnalités qui ne vous prendront qu'une fraction de secondes à réaliser. Avec VeraCash, plus besoin d'attendre que votre banque accepte une transaction : celle-ci se fait instantanément.
Aussi stable que des lingots d'or
L'or adossé à votre compte VeraCash est uniquement de l'or 100% physique et est votre propriété (nos audits annuels le prouvent). Cela signifie que vous bénéficiez de tous les avantages de l'or - la sécurité, la tangibilité et la préciosité - tout en profitant de la liquidité et disponibilité d'une monnaie.
Aussi responsable qu'une monnaie complémentaire
90% de l'or que nous utilisons est issu du recyclage, et aucun minage n'est nécessaire lors de l'échange de VeraCash : ce qui veut dire que vous émettez seulement une très faible empreinte carbone lors de l'utilisation de nos services. En contrepartie, 524 KWh sont utilisés à chaque échange de Bitcoin, et 22 tonnes de CO_2 sont émis lors de la création d'un coin. Chez VeraCash, l'éco-responsabilité est aussi une priorité.

Vous pouvez répartir votre compte entre 4 matières :
GoldSpot
GoldPremium
Argent
Diamant

Perso, je préfère le Gold Premium mais n'hésitez pas à les contacter si vous avez des questions.
https://support.veracash.fr/aide/français

Les crypto-monnaies

Une cryptomonnaie est une monnaie émise de pair à pair, sans nécessité de banque centrale, utilisable au moyen d'un réseau informatique décentralisé. En France, les cryptomonnaies ne possèdent pas de définition juridique : les cryptomonnaies sont inconnues du code monétaire et financier.

Le Libra

Facebook va lancer sa monnaie virtuelle (le libra). On pourra ouvrir un compte sur Facebook et disposer d'une carte visa. Cela devrait faciliter la vie de nombreux utilisateurs pour recevoir de l'argent par exemple.
Le libra ne seras pas spéculatif comme le bitcoin, il sera adossé à de vrais monnaies et il est déjà soutenu par plus de 100 grandes entreprises. Bref, le libra sera une véritable monnaie, bien que virtuelle, que l'on pourra utiliser partout dans le monde sans perdre au change d'une monnaie classique.
Alors que le bitcoin était marginal et utilisé que par quelques individus, la nouvelle monnaie de Facebook va sans doute être utilisé par plus de la moitié de la planète pour toutes les transactions possibles et imaginables grâce notamment à ses partenaires Visa et PayPal.

Le bitcoin

Le 3 janvier 2009 , le premier bloc ou bloc genesis est créé. En février 2009, il diffuse la première version du logiciel Bitcoin sur le site P2P Foundation et pour faire fonctionner le réseau, il met à contribution son ordinateur et engendre ainsi les premiers bitcoins.
Le bitcoin est une monnaie virtuelle permettant de faire des transactions financières sur internet.

Au début, le bitcoin n'avait aucune valeur jusqu'au jour où quelqu'un accepta de vendre 2 pizzas pour 10.000 bitcoins.

Il y a seulement 2 bonnes raisons d'acheter des bitcoins :

1) Pour acheter des produits illégaux sur le Darknet via le logiciel Tor.

2) Pour faire de la spéculation sur cette crypto-monnaie.

Le problème, c'est que si vous pouvez gagner de l'argent en spéculant, vous pouvez en perdre aussi beaucoup. Soit parce que le cours du bitcoin aura baissé, soit parce qu'une plateforme où vous aurez placé vos bitcoins aura fermé (cela arrive souvent et vous n'avez aucun recours contre ça).

Il est important de comprendre que l'une des règles de cette monnaie est qu'il n'y aura jamais plus de 21 millions de bitcoins créés.

La 2ème règle est que le nombre de bitcoins qui peuvent être minés simultanément sera divisé par deux tous les 4 ans.

Qu'arrivera t'il si une tonne de machines à miner ne sont plus rentables et sont débranchées et causent d'énormes liquidations ?

Ça pourrait faire chuter le prix.

Cela ressemblerait à l'éclatement de la bulle internet en l'an 2000.

De nombreuses faillites en perspective.

Vous devez garder à l'esprit qu'une monnaie virtuelle n'offre aucune garantie, ni de la part d'un État, ni de la part d'une société privée. Le cours peut monter aussi vite qu'il peut descendre. Contrairement à l'or ou l'argent, les monnaies virtuelles ne sont basées sur rien de concret.

Il s'agit avant tout d'un produit de spéculation, encore plus hasardeux que la bourse et vous ne devrez pas pleurer quand le crash du bitcoin arrivera. Vous êtes prévenu !

Je pense que vous aurez compris que je ne vous encouragerais pas à acheter de la crypto-monnaie (ou à la limite un peu de Licra).

Il existe aujourd'hui de nombreuses crypto-monnaies mais il est préférable d'investir dans l'or, c'est la monnaie la plus sûre et sans-doute la plus ancienne de notre histoire.

Le bitcoin : l'arme secrète des banques pour tuer l'or ?
Réflexions par Anthony Alberti le 21 décembre 2017
Selon certains économistes, l'engouement pour le bitcoin aurait été favorisé par le milieu bancaire pour écarter l'or et l'argent face aux différentes crises de ces 10 dernières années.

Aujourd'hui, nombreux sont ceux qui pensent que le bitcoin a attiré tous les investisseurs qui, normalement auraient dû se tourner vers les métaux précieux pour contrecarrer les manipulations des banques et reprendre la main sur leur capital. Franchement, y voir une coïncidence au sortir de la plus grosse crise financière de ces 50 dernières années semble bien naïf. Évidemment, le phénomène bitcoin n'est pas né du hasard et le timing apparaît particulièrement bien tombé pour permettre une reconstitution rapide des centaines de milliards de dollars-dettes perdus dans la bataille des subprimes.

Des faits troublants

On pourrait s'étonner par exemple qu'à l'heure où plus rien ni personne ne saurait rester masqué grâce à l'interconnexion de tous les réseaux à travers le globe, on n'arrive toujours pas à savoir précisément qui a inventé le bitcoin. On pourrait également trouver curieux que la NSA se retrouve impliquée à un moment ou à un autre du processus, même si on a tenté de faire oublier ce détail. Pour rappel, un rapport très complet publié par l'agence en 1997 et intitulé « How to make a mint : The cryptography of anonymous electronic cash » détaillerait tout l'écosystème du Bitcoin en allant même jusqu'à évoquer les risques de blanchiment d'argent. Je vous laisse trier le bon grain de l'ivraie autour de cette histoire grâce à notre ami Google qui en sait de toute façon bien moins que ce qu'on aimerait qu'il nous en dise.

Enfin, on pourrait s'interroger sur l'engouement premier des institutions bancaires et politiques pour ce qui aurait au contraire dû, au mieux les laisser indifférents, au pire les inquiéter.

Des autorités étrangement favorables… au début

Ainsi, alors que l'économiste reconnu Milton Friedman appelait lui-même de ses vœux la création d'une monnaie virtuelle permettant de réaliser des transactions anonymes sur Internet (en gros, la porte ouverte au cyber-crime organisé), on voit apparaître dès le mois d'octobre 2012 (en pleine crise de l'euro) un rapport de la Banque Centrale Européenne sur les monnaies virtuelles qui compare finalement le bitcoin au cash en n'y voyant ni plus ni moins d'avantages ou d'inconvénients.

De leur côté, les Américains ne sont pas en reste et, en octobre 2013, quelques jours à peine après que l'Allemagne a octroyé au bitcoin le statut officiel de monnaie privée, Ben Bernanke, président de la Réserve fédérale des États-Unis, adresse une lettre à un comité du Sénat dans laquelle il présente le Bitcoin comme un système de paiement rapide, sûr et efficient. En novembre de la même année, la FED en remet une couche en accompagnant cette fois ses avis positifs par l'aval du Département Américain de la Justice qui qualifie alors le bitcoin de monnaie « légitime ».

Vous aurez sans doute compris que le bitcoin a été la plus grande arnaque de ces 10 dernières années.

Le télétravail

La solution à la grève ? Le télétravail !
« *Derrière chaque difficulté, il y a une opportunité* » Albert Einstein

Lorsque j'écris ces lignes, nous sommes en décembre 2019 et la grève des cheminots a touché spécialement l'Ile de France (Paris et région parisienne) et c'est pourquoi j'ai décidé plus que jamais de me pencher sur la question du télétravail comme solution aux problèmes des transports car en France et spécialement en région parisienne, les usagers des transports en commun, mais aussi ceux qui utilisent leurs voitures pour aller au travail, souffrent énormément des grèves, pannes à répétitions, malaises voyageurs, oublie de bagages, etc.

Pour être tout à fait honnête, si j'ai déjà travaillé à plusieurs reprises de chez moi à l'aide d'un ordinateur, je n'appelle pas cela du télétravail. J'étais à l'époque auto-entrepreneur.

Il y a de nombreux moyens de gagner de l'argent à l'aide d'un ordinateur et d'une connexion internet. J'en parle d'ailleurs dans ce blog : https://comment-gagner-argent-avec-internet.blogspot.com

Le télétravail désigne une organisation du travail particulière, c'est-à-dire l'exercice d'une activité professionnelle, en tout ou en partie à distance (c.-à-d. en dehors du lieu où le résultat du travail est attendu, généralement les locaux de son employeur) grâce aux technologies de l'information et de la communication (Internet, téléphonie mobile, fax, etc.).
Le télétravail peut s'effectuer depuis le domicile, un télécentre, un bureau satellite ou de manière nomade (lieux de travail différents selon l'activité à réaliser), dans le cadre du travail salarié, mais aussi depuis des espaces partagés (coworking), dans le cadre du télétravail indépendant. Le « télétravail nomade » a été encouragé par la mondialisation économique.
Ceci était la définition de Wikipédia.

La loi sur le renforcement du dialogue social apporte des simplifications majeures pour mettre en place le télétravail. ... Dans tous les cas, lorsque l'employeur refuse le bénéfice du télétravail à un salarié qui occupe un poste qui le permet, il doit motiver sa réponse.26 mars 2018

Le télétravail désigne toute forme d'organisation du travail dans laquelle un travail qui aurait également pu être exécuté dans les locaux de l'employeur est effectué par un salarié hors de ces locaux de façon volontaire en utilisant les technologies de l'information et de la communication.8 févr. 2018.

J'ai lu des articles sur le télétravail dans lesquels le journaliste citait le métier de blogueur et de youtubeur.
Pour moi, ce n'est pas du télétravail puisque vous n'êtes pas sous la direction d'un employeur. En tant que blogueur ou youtubeur vous

ne dépendez que de vous-même. Vous pouvez gagner 0 euros pendant plusieurs mois ou plus de 10.000 euros en 3 mois.

Bien sûr, je ne critique pas ceux qui veulent faire blogueur ou youtubeur comme moi mais le chemin est long jusqu'à la réussite et la plupart du temps le succès n'est pas au rendez-vous.
Pour info, le lien vers l'article est ici :
http://www.leparisien.fr/laparisienne/actualites/enquete-blogueuses-youtubeuses-un-job-en-or-03-02-2016-5510935.php
Mais moi qui suis blogueur et créateur de sites internet depuis 2001, cet article est tout simplement du pipeau.

C'est comme ceux qui vous encouragent à jouer au poker en ligne.
A moins d'être un professionnel de ce jeu, vous allez plus perdre de l'argent qu'en gagner.

Maintenant que vous avez lu ces lignes, on va distinguer 2 choses :
- Le télétravail (travail à distance)
- Travailler comme auto-entrepreneur.

Exemple d'un travail que vous pouvez faire chez vous comme auto-entrepreneur : Coiffeur chez vous ou à domicile.

Le télétravail consiste plus à travailler à l'aide d'un ordinateur et d'une connexion internet avec en prime une relation employeur - employé. Exemple : un journaliste qui écrit de chez lui et envoi ses articles par mail ou en se connectant sur la plateforme web du site de la rédaction.

Si vous utilisez votre ordinateur pour écrire des livres comme moi, ce n'est pas du télétravail puisque vous n'avez pas cette relation employeur – employé, ni le salaire qui tombe tous les mois pour votre activité au sein de l'entreprise.

Autre exemple : Si vous vous lancez dans le commerce en ligne en faisant par exemple du dropshipping sur Amazon, vous êtes alors votre propre patron et vous devez vous déclarer en tant que auto-entrepreneur.

Le drop shipping (ou dropshipping) est un concept qui a vu le jour aux États-Unis et au Canada, même s'il n'existe aucune date précise de son origine. En français, on parle de « livraison directe » ou d'« expédition directe ». Le concept signifie « vendre ce qu'on ne possède pas ». Autrement dit, celui qui fait du drop shipping est l'intermédiaire entre le client (demandeur, acheteur, etc.) et le fournisseur (usine, grossiste, revendeur, etc.).

Je sais que pour certains la frontière entre le télétravail et le travail à son compte (auto-entrepreneur ou autre) est encore flou mais peu importe. Le but de ce guide est de vous donner les outils nécessaires pour que vous puissiez maitriser l'ordinateur.
C'est d'ailleurs pourquoi ce guide est régulièrement mis à jour et amélioré. Il sera toujours perfectible et vous pourrez toujours commander la dernière version à moi-même (sauf si je meurs) en écrivant à l'adresse de l'association : cumps.association@gmail.com

Pour faire du télétravail, il vous faut donc un espace dédié avec un ordinateur et une connexion internet. Cela peut être chez vous, dans un café ou dans un espace dédié aux voyageurs nomades (coworking).

Il faut aussi disposer d'un contrat de télétravail avec un employeur qui va vous rémunérer pour votre travail.
Cet employeur peut être votre employeur actuel si vous arrivez à le convaincre que vous pourrez être aussi efficace en travaillant à partir de chez vous.
Dans certains cas, comme un garagiste ou une femme de ménage, cela me semble mal parti.

Cet employeur peut-être aussi un nouvel employeur que vous ne connaissez pas encore. Auquel cas, il vous faudra le chercher sur les sites de petites annonces et offres d'emploi.

D'ailleurs, le chapitre suivant est consacré aux offres d'emploi.

Malheureusement, sur les sites d'emploi que j'ai déjà examiné, en tapant le mot « télétravail », on trouve de tout sauf du télétravail.

Si vous souhaitez en savoir plus sur le télétravail, je vous encourage à visiter mon nouveau blog : https://le-teletravail.blogspot.com/

Comment gagner de l'argent avec internet

Gagner de l'argent avec internet ne signifie pas forcément travailler en télétravail (rubrique précédente).

Vous pouvez avoir votre propre blog, par exemple sur le maquillage, la beauté, le luxe, la cuisine, les voitures, la musculation, la remise en forme, etc. et gagner de l'argent grâce aux sponsors, aux articles rémunérés, aux publicités diverses intégrées dans votre blog, etc.

Vous pouvez avoir une chaine YouTube et également gagner de l'argent à partir du moment où vous avez de nombreuses visites.

Il existe de nombreuses façons de gagner de l'argent sur internet, c'est pourquoi j'ai créé ce blog :
https://comment-gagner-argent-avec-internet.blogspot.com/

Les sites d'offres d'emploi

A une époque, j'avais créé un annuaire thématique sur lequel je listai par exemple tous les sites d'emploi.

Je vais à nouveau faire une liste des sites d'offre d'emploi car cela va s'avérer indispensable si vous êtes à la recherche d'un emploi, que ce soit en télétravail ou au sein de l'entreprise.
Notez que vous serez obligé de vous inscrire pour avoir accès aux offres d'emploi. Ce type de sites fonctionne de 2 façons :
- Les recruteurs lisent votre CV
- Vous lisez les offres des recruteurs

Vous pouvez donc publier votre CV et attendre tranquillement qu'on vous contacte par téléphone ou par mail.
Mais vous pouvez aussi contactez vous aussi les recruteurs par téléphone ou par mail.

Avant de commencer, je vous conseille de créer votre CV au format .doc, .docx ou .pdf. J'ai mon CV dans ces 3 versions car on ne sait pas à l'avance quel format préfère le site.
Lorsque vous vous inscrirez sur l'un des sites d'emploi suivant, vous devrez uploader votre CV.

https://www.adecco.fr/
https://www.bdmjob.com/
https://www.cadremploi.fr/
http://www.carriereonline.com/
https://www.crit-job.com/
https://www.directemploi.com/
https://emploi.paris.fr/

https://www.emploi-territorial.fr/accueil/
https://www.france-emploi.com/
https://www.indeed.fr/
https://www.jobijoba.com/fr/
https://www.jobintree.com/
https://fr.jooble.org/
https://joblift.fr/
https://fr.jobtome.com/
https://k.karma.jobs/home
https://www.keljob.com/
https://www.manpower.fr/
https://www.meteojob.com/
https://www.michaelpage.fr/
https://www.monster.fr/
https://neuvoo.fr/
https://www.pagepersonnel.fr/
https://www.parisjob.com/
https://www.pole-emploi.fr/accueil/
https://www.randstad.fr/
https://www.regionsjob.com/
https://www.stepstone.fr/

Notez que je teste tous les sites avant de les afficher ici. Je vais donc mettre mon propre CV et je regarderai aussi s'ils ont des offres en télétravail car j'aimerai bien moi aussi trouver un emploi que je pourrai faire chez moi.

Ce chapitre, tout comme ce livre, est appelé à être modifié et complété.

Créer un blog gratuit avec Blogger de Google

Blogger est une plateforme logicielle en ligne gratuite qui facilite la publication de blogs. C'est un service qui offre de nombreux outils permettant à des personnes de publier du contenu sur le web.

Je possède de nombreux blogs qui ne m'ont rien coûté et grâce auxquels j'ai réussi à acquérir de la notoriété.
Que ce soit avec un blog ou un site internet, si vous voulez que l'on vous remarque, vous devez publier des articles intéressants et relativement souvent.

Premier cas : Vous publiez que rarement des articles sur votre blog (ou votre site internet) et la plupart du temps, ce sont des articles très courts et parfois vous avez même repris un article déjà publié ailleurs.
Deuxième cas : Vous publiez au moins un article par semaine et vous êtes l'auteur de vos textes. Les gens aiment lire vos articles car ils sont intéressants et bien illustrés.
D'après vous, vaut-il mieux se situer dans le 1er ou le 2ème cas ?

Voici l'un de mes blogs qui a beaucoup de succès et qui se trouve sur la 1ère ou 2ème page de Google sur la recherche « philippines informations » : https://philippines-informations.blogspot.com/

Par le passé, j'ai déjà placé l'un de mes sites sur les Philippines en 1ère position de la 1ère page sur Google sur la recherche du mot « philippines ».

Bien sûr, cela demande de la constance dans la publication d'articles intéressants. L'avantage, c'est que vous obtenez de la part de Google une visibilité incroyable qui vous permet de proposer par exemple des produits ou des services sans devoir payer le moindre euro.

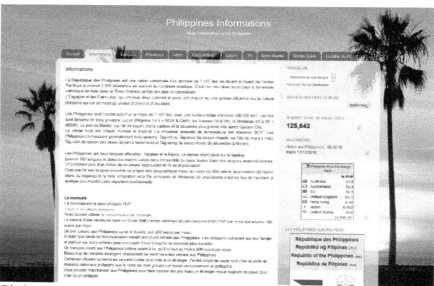

Ci-dessus, une copie d'écran de mon blog : https://philippines-informations.blogspot.com/

200

Pour créer un blog sur Blogger, vous devez taper « blogger » sur le moteur de recherche Google, ou cliquer sur le lien https://www.blogger.com

Si vous êtes connecté avec un autre compte appartenant à Google comme Gmail ou YouTube, pas de problème, sinon vous allez devoir créer un compte.

Lorsque vous n'êtes pas connecté à un compte Google, voici ce que vous devez voir. Si vous possédez déjà un compte Google, vous allez pouvoir utiliser ce compte Google (Gmail ou YouTube par exemple) pour vous connecter.

Pour Blogger, un blog, c'est d'abord un titre mais surtout une adresse (on parle de l'url qui sera affiché sur le navigateur).

Exemple d'url d'un blog : https://cumps-association.blogspot.com/

Dans le cas ci-dessus, l'adresse du blog que j'avais donné à Blogger était cumps.association

Blogger rajoute automatiquement .blogspot.com

Si vous donnez une adresse ne comportant qu'un seul mot, il est probable que cette adresse soit déjà prise. Aussi, vous pouvez construire une adresse avec 2 ou 3 mots séparés par des points ou collés.

Exemples : philippines-informations ou philippinesinformations

Dans l'exemple ci-dessus, j'ai voulu créer le blog teletravail.blogspot.com mais cette adresse était déjà prise.

J'ai vérifié et le blog http://teletravail.blogspot.com/ ne contient qu'un seul article publié le lundi, septembre 26, 2005
Comme son article sur la téléphonie est obsolète et qu'il n'a plus rien publié depuis sur son blog, ce monsieur aurait très bien pu supprimer son blog pour donner la chance à une autre personne d'utiliser cette url. Mais non. Comme cela ne lui coûte absolument rien de garder ce blog, l'auteur a tout simplement laissé en l'état ce blog et il a sans doute oublié son existence.

Si la personne avait créé un site internet, l'url de ce site aurait sans doute été www.teletravail.com et comme ce genre d'url est payant, il aurait arrêté de payer le nom de domaine (et l'hébergeur), ce qui aurait permis de remettre l'url à la vente.

Si je voulais vraiment créer un blog sur le thème du télétravail, il faudrait que j'utilise une adresse de blog qui contient au moins le mot télétravail.
Par chance, l'adresse **le-teletravail** est encore libre.

Liste des blogs › Créer un blog

Titre	Le télétravail
Adresse	le-teletravail.blogspot.com

Cette adresse de blog est disponible.

Je dispose maintenant d'un nouveau blog dont l'url est :
https://le-teletravail.blogspot.com/

Notez que j'ai pris le premier thème proposé : Contempo.
Mais je sais que je pourrai en changer à tout moment.
Le thème d'un blog, c'est la façon dont le blog sera affiché. Dans tous les cas, le contenu des articles ne change pas. Il s'agit seulement de l'apparence du blog. D'ailleurs, le fait de pouvoir changer aussi facilement l'apparence d'un blog sous Blogger est l'un de ses atouts principaux.

204

Avant d'aller plus loin et de modifier le choix du thème ou quelques-unes de ses particularités, il est nécessaire de publier au moins un article afin de mieux se rendre compte de ce que cela va donner.

J'ai utilisé le texte que j'avais écrit sur le chapitre du télétravail pour publier mon premier article sur le blog https://le-teletravail.blogspot.com/ et je m'aperçois que le rendu ne me satisfait pas.

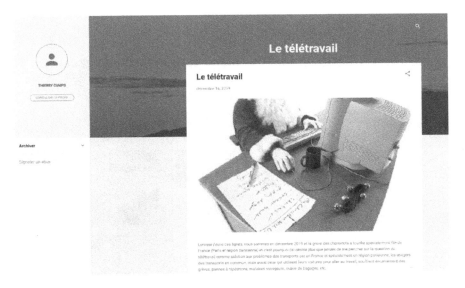

Pour un meilleur référencement sur Google et pour une meilleure lisibilité de mes articles, il est préférable que je choisisse un autre thème.

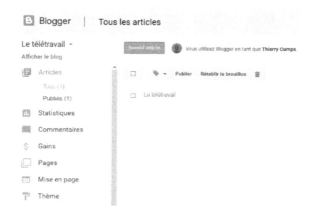

Je vais donc cliquer sur le mot Thème dans le menu de gauche.

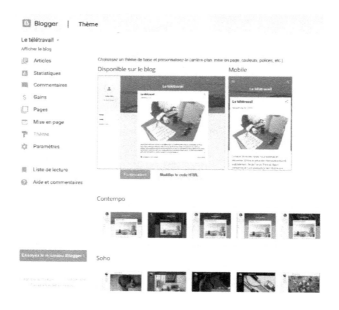

Chaque thème comme Contempo, Soho, Emporio, Important, Simple, Affichages dynamiques, Picture windows, Awesome Inc., Filigrane, Ethéré, ou Voyages, comporte quelques variantes au niveau couleurs. Mais les couleurs ne changent rien au comportement des articles dans le blog. Il va me falloir changer de thème et prendre un thème plus classique comme une présentation sur 2 colonnes par exemple : une colonne centrale, et une petite colonne à droite pour les gadgets (widgets).

Sur le blog https://cumps-association.blogspot.com/ on peut voir une colonne principale pour les articles à gauche et une petite colonne à droite pour les gadgets.

En cliquant sur le bouton « Essayez le nouveau Blogger », j'ai eu ceci : Rétablir les thèmes classiques
Vous pouvez continuer à utiliser les anciens thèmes pour votre blog, mais vous n'aurez alors pas accès à de nombreuses fonctionnalités inédites, comme l'outil de création de thèmes.

Je n'ai pas besoin de créer de nouveau thème, je vais simplement essayer mon nouveau blog avec les différents thèmes qui me sont proposés et voir lequel me convient le mieux.

Ci-dessus, le thème Soho. Ne me satisfait pas.

Le thème Emporio (ci-dessus) ne me satisfait pas non plus.

Idem pour le thème Important.

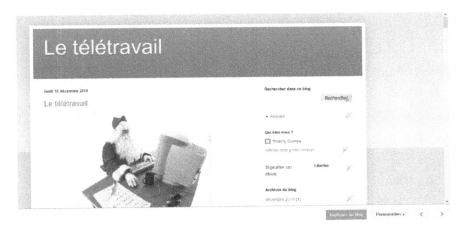

Le thème Simple pourrait me satisfaire après quelques ajustements.

Je pense que vous aurez compris le système. Vous devez essayer différents thèmes, sachant que vous pourrez y apporter quelques modifications (de couleurs et de taille par exemple).
Pour ma part, je vais en essayer d'autres et vous dire ensuite lequel j'ai choisi.

J'ai choisi ce thème (Filigrane vert et bleu) pour sa couleur et sa joie de vivre (les herbes, le vert, le ciel et la couleur bleu).

Pour le moment, une fois le thème appliqué au blog, cela donne ça. Il va me falloir personnaliser le thème (bouton Personnaliser).

Les possibilités d'ajustement du thème sont sur le menu de gauche, juste en dessous de Thèmes. Je vais d'abord ajuster la largeur.

210

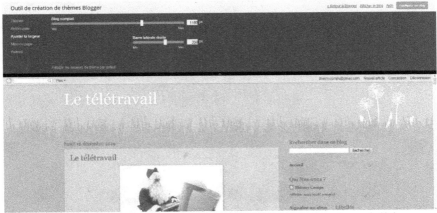

Ça donne tout de suite quelque chose de beaucoup plus visible.

Je vais donc appliquer ces modifications de largeur à mon blog, puis remplir la colonne de droite avec des gadgets.

Une fois que vous cliqué sur le bouton « Appliquer au blog », vous pouvez cliquer sur retour à Blogger.

En actualisant le blog https://le-teletravail.blogspot.com/ je me rend compte qu'une photo de 750 pixels n'a pas de marge à droite parce que la colonne principale (celle des articles) n'est pas assez large.

Je vais retourner sur « Personnaliser » et « Ajuster la largeur ». J'ai augmenté la largeur du blog complet de 30 pixels et également de 10 pixels la barre latérale de droite car je vais y placer des images aussi.

Pour le moment, je n'ai publié qu'un seul article sur ce blog. Mais je vais d'ores et déjà ajouté quelques gadgets dans la colonne de droite.

Pour cela, il faut aller sur Mise en page (menu de droite), puis ajouter ou enlever des gadgets selon l'envie.

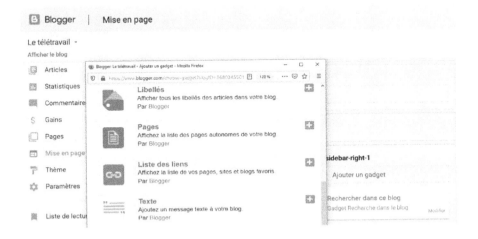

J'ai cliqué sur Ajouter un gadget. Ensuite, je vais cliquer sur texte et ajouter ma petite pub en HTML. J'écrirai un chapitre sur le langage HTML par la suite vers la fin de ce livre.

Pour le moment, vous n'êtes pas obligé de connaître le langage HTML pour créer votre blog. Cependant, si vous voulez maitrisez parfaitement un blog (ou un site internet), connaître ce langage du web vous y aidera.

La présentation est simple mais lisible et pour le moment, elle me convient.

L'avantage de Blogger, c'est que le blog est aussi bien visible sur un ordinateur que sur un smartphone.

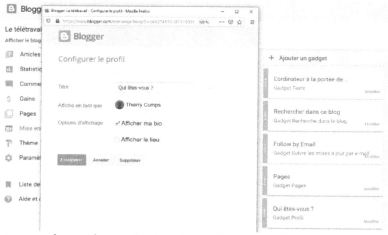

Pour supprimer le gadget « Qui êtes-vous ? », je cliquer sur « Modifier » en face du gadget « Qui êtes-vous ? », puis je clique sur le bouton « Supprimer ».

Pensez à enregistrer la disposition (bouton orange en haut à droite) à chaque fois que vous avez apporté une modification.

N'hésitez pas à actualiser votre blog pour constater le résultat de vos modifications.

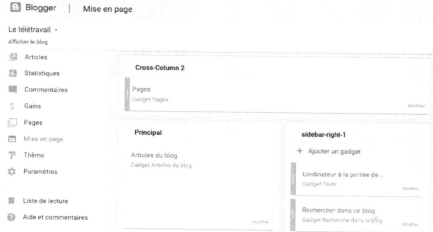

Notez que les gadgets peuvent facilement être déplacés à l'aide de la souris. Vous pouvez donc les repositionner à peu près comme

216

vous voulez. Avant le gadget « Pages » était situé dans la colonne de droite. Je l'ai fait glisser au-dessus et au milieu.

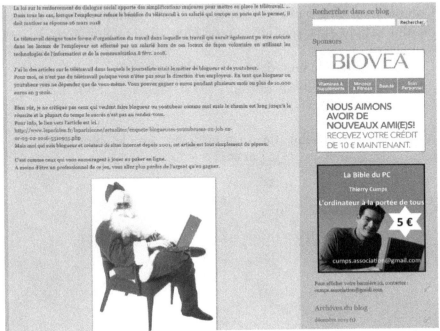

J'ai ajouté un autre gadget texte que j'ai intitulé « Sponsors » dans la colonne de droite.

Notez que j'aurai pu tout aussi bien utiliser le gadget HTML/ Javscript pour obtenir le même résultat. Le problème est que tous ceux qui utilisent un bloqueur de pub comme Adblock Plus (moi y compris) ne verront aucun des gadgets HTML/Javascript.

Le code Javascript et le code flash ne sont pas affichés par les bloqueurs de pub. Cependant, on peut toujours placer du code HTML dans un gadget texte comme je l'ai fait pour mon blog.

Maintenant, je vais écrire un deuxième article avant de vous expliquer ce que je peux faire de plus pour ce blog.

Comme mon blog parle de télétravail, il est souhaitable que le titre de mon article ainsi que le texte de mon article comportent le mot « télétravail ».

Ça y est, j'ai publié mon deuxième article. Il est là : https://le-teletravail.blogspot.com/2019/12/le-teletravail-est-toujours-preferable.html

A la fin de chacun de mes articles sur le blog https://le-teletravail.blogspot.com/ , j'ai ceci :

On va voir comment on peut modifier tout ça. Pour cela, on clique dans « Mise en page », puis « Modifer Articles du blog ».

Dans la fenêtre qui vient de s'ouvrir, vous allez pouvoir cocher ou décocher, les options que vous voulez voir apparaitre ou pas.

N'oubliez pas de cliquer sur le bouton orange « Enregistrer la disposition » si vous voulez que vos modifications soient prises en compte.

J'en ai profité pour ajouter dans la colonne de droite, le gadget « Articles les plus consultés ».

Vous n'êtes pas obligé de mettre tous les gadgets que propose Blogger, mais certains apportent un plus à votre blog.

Afficher quels sont les articles du blog les plus consultés peut être une information intéressante pour vous comme pour vos lecteurs.

Idem pour le nombre de pages vues de votre blog.

Je vais maintenant modifier le gadget Pages qui se trouve dans Cross-Column 2.

Ici, je vais ajouter des liens externes (url) vers d'autres blogs que je gère.

Les pavés de liens ci-dessus peuvent être repositionnés à l'aide de la souris.

Les liens que j'ai ajouté dans le gadget Pages donnent ça sur mon blog. Pour la présentation, cela dépend du thème que vous aurez choisi.

Pour rendre plus convivial mon blog, j'ai ajouté un formulaire de contact dans la colonne de droite. Il s'agit là aussi d'un gadget proposé par Blogger.

Si vous vouliez ajouter la date et l'heure sur votre blog alors que ce type de gadget n'est pas proposé par Blogger, vous devez rechercher sur internet le code Javascript, puis le copier dans un gadget HTML/javaScript.
Vous trouverez des codes d'affichage du jour et de l'heure ici : http://modifier-les-modeles-de-blogger.blogspot.com/2012/02/afficher-heure-sur-un-blog.html

Pour mon blog, j'ai utilisé le code suivant :
```
<script type="text/javascript">function Jour(){this[0] = "Dimanche";this[1] = "Lundi";this[2] = "Mardi";this[3] = "Mercredi";this[4] = "Jeudi";this[5] = "Vendredi";this[6] = "Samedi";}function Mois(){this[0] = "janvier";this[1] = "février";this[2] = "mars";this[3] = "avril";this[4] = "mai";this[5] = "juin";this[6] = "juillet"; this[7] = "août";this[8] = "septembre"; this[9] = "octobre";this[10] = "novembre"; this[11] = "décembre";}function date(){var jour=new Jour();var mois=new Mois();var myDate=new Date();annee = myDate.getFullYear();var result=jour[myDate.getDay()]+" "+myDate.getDate()+" "+mois[myDate.getMonth()]+" "+annee+" -  ";document.writeln(result);}</script><div style="float:left;text-align:left; color:red;"><script language="JavaScript" type="text/JavaScript">date();</script></div><div id="aff_heure2" style="color:red;text-align:left;"><script type="text/javascript">function test_heure2(){var mydate = new Date();var heures = mydate.getHours();var minutes = mydate.getMinutes();if (heures <= 9) heures = "0" + heures;if (minutes <= 9) minutes = "0" + minutes;document.getElementById("aff_heure2").innerHTML = heures+":"+minutes;}function aff_heure2(){intervalId = setInterval(test_heure2, 1000);}aff_heure2()</script></div>
```

Ce qui donne ceci :

Mercredi 18 décembre 2019 - 01:28

Finalement, j'ai préféré utiliser la couleur black plutôt que red :

Pour aider le référencement des articles de ce blog sur Google, je vais maintenant créer un page qui sera affichée sur le gadget page que j'ai placé au-dessus des articles. Pour cela, je vais cliquer sur « Créer une page ».

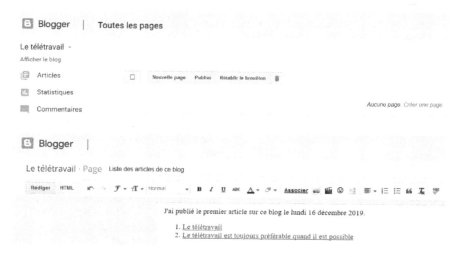

Cela demande un peu de travail supplémentaire car je vais devoir ajouter dans cette page le titre de mon nouvel article avec son adresse url mais cela permettra de pouvoir lister tous les articles que j'aurai publié sur ce blog dans l'ordre alphabétique.

Pour que ma page « Liste des articles de ce blog » soit affichée, il m'a fallu aller dans « Mise en page » et cocher la case « liste des articles de ce blog ».

Grâce à cela, on peut maintenant afficher la liste des articles de ce blog, même si je devrais ajouter moi-même sur cette page un nouveau lien à chaque fois que j'écrirai un nouvel article sur ce blog.

En termes de référencement, cela correspond à un « sitemap » d'un site internet sauf que le plan du site d'un site internet est souvent hiérarchisé.

Plan du site

Catalogue	Mon compte	Commander	Pages annexes
▪ COLLANTS	▪ Mon compte	▪ Mon panier	▪ Mentions légales
▪ CHAUSSETTES	▪ Mes informations	▪ Livraison	▪ CGV
▪ BODYWEAR	▪ Historique de commande	▪ Paiement	▪ FAQ
▪ OUTLETS			▪ Points de vente
▪ BOUTIQUE_DE_NOEL			▪ Contact

Ci-dessus, un plan de site hiérarchisé. Il faut cliquer sur une catégorie pour descendre sur les articles figurant dans cette catégorie.

Comme mon blog parle uniquement du télétravail, je n'ai aucune raison de ranger mes articles dans des catégories, aussi, autant afficher les articles de ce blog dans l'ordre alphabétique. D'autant plus que j'ai déjà un gadget qui me les affiche dans l'ordre chronologique :

Archives du blog

décembre 2019 (2)

Affichez un message sélectionné
Il s'agit encore là d'un gadget proposé par Blogger.

Le gadget en question s'appelle « Sélection du message ».

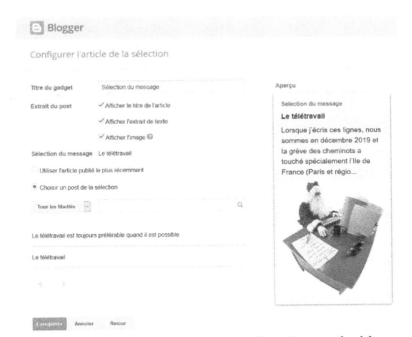

J'ai sélectionné l'article « Le télétravail ». Et sur le blog, cela donne ceci :

Modifiez la Favicon. Une favicon est une icône informatique symbolisant un site web. Ces icônes sont créées et utilisées par les concepteurs des sites internet. Les navigateurs web peuvent utiliser la favicon dans la barre d'adresse, les signets, les onglets ou encore les autres raccourcis.

Cela peut paraître insignifiant, mais la favicon de Blogger est trop commune et il est agréable de la remplacer par une favicon plus personnelle. J'ai créé la mienne il y a déjà longtemps et je l'ai utilisé sur presque tous mes sites internet et tous mes blogs.
Je vais la télécharger sur mon blog pour qu'elle remplace celle de Blogger.

Notez que pour qu'elle s'affiche à la place de l'ancienne favicon, il faudra vider la mémoire cache du navigateur. Cela se fait automatiquement au redémarrage mais on peut aussi forcer le navigateur à vider ses images stockées en mémoire, par exemple à l'aide de Ccleaner.

Quelqu'un qui irait pour la première fois sur votre blog ne verrait pas l'ancienne favicon. De toute façon, cela n'est pas très important puisqu'une fois la favicon remplacée, tout le monde finira par voir cette nouvelle petite icône.

✳ Le télétravail

Les plateformes de jeux vidéo

Avant, il fallait acheter des CD de jeux vidéo dans des boutiques de jeux vidéo ou dans les rayons jeux vidéo des supermarchés.
Le problème est que souvent ces jeux vidéo ne fonctionnaient pas bien (ou pas du tout) sur nos nouveaux PC Windows.

Une plateforme de jeux vidéo a vu le jour – STEAM - et offre de plus en plus de jeux vidéo adaptés et testés afin qu'ils fonctionnent presque parfaitement sur nos ordinateurs et ce même s'il s'agit d'un vieux jeu de stratégie comme Heroes 3 Might and Magic.

230

STEAM est une plateforme de distribution de contenu en ligne, de gestion des droits et de communication développée par Valve et disponible depuis le 12 septembre 2003.

Site internet : https://store.steampowered.com/

Une fois que vous avez installé STEAM, cela se présente comme ci-dessus.

Vous pouvez installer STEAM sur plusieurs ordinateurs et les jeux ne sont vraiment pas cher et certains sont gratuits.

Ci-dessous, quelques jeux gratuits que proposent STEAM :

Après la plateforme de jeux en ligne STEAM, vous avez aussi ROBLOX. Site internet : https://www.roblox.com/

ROBLOX est un jeu vidéo gratuit anglophone massivement multijoueur en ligne destiné aux enfants et adolescents créé par David Baszucki, sorti en 2004 en version bêta et fini en 2005. Il permet de programmer des jeux en Lua.

En décembre 2012, ROBLOX comporte 320 millions d'utilisateurs et atteint 10 millions de visiteurs uniques par mois, en faisant le premier site de divertissement pour enfants selon comScore.

ROBLOX est un jeu de type Sandbox. L'objectif est de construire un jeu pour qu'il soit visité par les autres joueurs. Les joueurs sont libres de construire ce qu'ils souhaitent et de partager leur création avec le reste de la communauté du jeu. Il y a plusieurs types de jeux populaires ; courses d'obstacles (Obbys), les Tycoons, les simulations de tir et plusieurs autres.

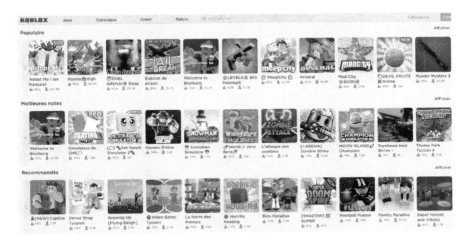

Les joueurs, lorsqu'ils visitent un jeu, contrôlent leur personnage. Il est possible de modifier l'apparence de celui-ci en achetant divers objets comme des chapeaux, des vêtements, ou encore des visages. Ces objets peuvent être achetés avec des Robux, la monnaie virtuelle de ROBLOX.

Pour jouer, il faut créer un compte, le mode invité n'étant plus disponible depuis octobre 2017.

L'intégralité du jeu est modifiable, il est possible de créer ses propres scripts, textures et modèles pour les insérer dans un jeu.

MINECRAFT est un jeu vidéo de type « bac à sable » (construction complètement libre) développé par le Suédois Markus Persson, alias Notch, puis par le studio de développement Mojang. Il s'agit d'un univers composé de voxels et généré aléatoirement, qui intègre un système d'artisanat axé sur l'exploitation puis la transformation de ressources naturelles (minéralogiques, fossiles, animales et végétales).

Disponible en 95 langues, le jeu vidéo se vend en 8 ans à plus de 100 millions d'exemplaires sur toutes les plateformes, et est également décliné sous plusieurs formes physiques : papercraft (origami), produits dérivés (figurines, vêtements, peluches, etc.) et boîtes de jeu Lego.

MINECRAFT est à l'origine développé pour être un jeu sur navigateur Web, puis sur Windows, Mac et Linux (à l'aide de Java). Un portage sur téléphone mobile existe également, Minecraft Pocket Édition.

STADIA est la plateforme de jeux en streaming de Google.

STADIA est une nouvelle plate-forme de gaming qui vous permet de jouer à des jeux vidéo de haute qualité sur les téléviseurs, ordinateurs portables, ordinateurs de bureau, ainsi que sur certains téléphones et tablettes, dans tous les endroits où vous avez accès au Wi-Fi. Site internet : https://store.google.com/product/stadia

ARCADE de Apple est la plateforme de jeux de Apple.

Le site internet d'ARCADE est :
https://www.apple.com/fr/apple-arcade/

Jouez sans limites avec un seul abonnement.

Pas de pubs. Pas d'achats supplémentaires.

Téléchargement des jeux pour pouvoir jouer hors ligne'.

iPhone, iPad, Mac et Apple TV. Sautez de l'un à l'autre.

Pour une famille de six personnes.

La confidentialité au premier plan.

Apple ARCADE est un service de jeu vidéo par abonnement pour appareils fonctionnant sous iOS, iPadOS, tvOS et macOS. Il a été lancé le 19 septembre 2019.

EPIC GAMES est un studio américain de développement de jeux vidéo basé à Cary en Caroline du Nord. Le studio est partiellement détenu à 40 % par le géant chinois de l'internet Tencent.

Le site internet est : https://www.epicgames.com/store/fr/

Mon jeu préféré est toujours le bon vieux Heroes III Might &
Magic.

Les pirates ont des informations sur vous !

Avec les hôpitaux français qui se font voler les données informatiques de leurs patients, il y a aussi les grandes entreprises informatiques et de communication françaises qui se sont fait voler les données de leurs clients.

La moitié des pharmacies françaises transmettrait nos prescriptions à la société Iqvia, le plus gros revendeur de données médicales au monde. En échange de l'utilisation gratuite d'un logiciel de suivi de leurs ventes, 14 000 officines transmettent les informations sur les achats de médicaments et de parapharmacie de leurs clients à Iqvia. Ce sont des informations très intimes qui sont communiquées, pouvant révéler pêle-mêle un herpès, un cancer, le sida, une mauvaise haleine, de l'hypertension, ou encore une dépression et des ronflements la nuit.

Même si cela n'était pas autorisé par la CNIL, la question se pose également de savoir si chacun de nous a pu être pisté dans toutes les pharmacies partenaires sur le territoire dans lesquelles il est entré. Car, il est possible techniquement de le faire grâce à un identifiant unique lié à votre numéro de sécurité sociale repéré grâce à votre carte vitale.

Vous devez considérer que vos noms, adresses e-mails, mots de passe et numéros de sécurité sociale sont connus des pirates et agir en conséquence.

La plupart des hackers achètent et revendent des données sur le Dark web.

Soyez sûr que si nous sommes tous fichés par notre gouvernement (ce qui peut paraitre normal à la plupart d'entre nous afin d'assurer la sécurité de chacun), nous figurons aussi tous quelque part dans le

Dark web dans les listes des fichiers qui s'échangent chaque jour entre pirates et personnes qui veulent usurper notre identité ou voler notre argent, celui de nos amis ou de notre entreprise.

Chaque jour nous laissons des traces de notre vie sous forme d'informations numériques :
Que ce soit par le biais de nos connexions informatiques, de l'utilisation de nos téléphones portables, d'une carte bancaire, de fidélité, vitale ou autres.
Que ce soit par nos échanges sur les forums, les sites web comme Facebook, les applications comme Twitter ou Instagram.
Que ce soit par le vol de données numériques des collectivités territoriales ou gouvernementales, d'hôpitaux ou d'entreprises privés (aucune entreprise, si grosse soit-elle, n'est à l'abri d'un vol de données)

Le remplacement de nos mots de passe par une empreinte digitale (qui n'est pas toujours reconnue sur mon téléphone lorsque j'ai les doigts mouillés par exemple) ou la reconnaissance de l'iris ne suffira pas à stopper les usurpations d'identités et les vols d'argent numérique.

La seule façon de contrôler l'identité de chacun sera l'implant d'une puce informatisée sous la peau de chaque individu, puce donnant la position en temps réel grâce à des portiques installés aux endroits stratégiques dans les voies de circulations par exemple.
Dans mon livre "Eva ou Ma vie avec un sex bot" j'en parle justement.

Un peu d'histoire sur le Dark web et le projet Tor :

Tor a été développé au milieu des années 1990 par des informaticiens et des agences gouvernementales américaines.

En 2006, le projet Tor a été créé en tant qu'organisation à but non lucratif pour maintenir Tor pour l'usage public.

Il y a de nombreuses raisons pour lesquelles les gens pourraient vouloir rendre anonyme leur activité web en utilisant Tor.

D'une part, dans les pays où de nombreux sites Web sont bloqués, Tor fournit un moyen d'accéder à ces sites. Par exemple, en Chine continentale, en septembre 2015, environ 3 000 sites Web étaient bloqués. Il s'agissait notamment de la plupart des comptes Google, Facebook, YouTube, Twitter et Instagram.

Source : https://www.titanhq.fr/blog/qu-est-ce-tor-dark-web/

Nous pensons que tout le monde devrait pouvoir explorer Internet en toute confidentialité, avec l'assurance que leurs données personnelles seront protégées. Nous sommes le Projet Tor, un organisme étatsunien sans but lucratif. Nous faisons progresser les droits de la personne et défendons la protection sur Internet de votre vie privée et de vos données personnelles grâce à des logiciels gratuits et à des réseaux ouverts.

https://www.torproject.org/fr/

Le hacking

Le hacking peut s'apparenter au piratage informatique. Dans ce cas, c'est une pratique visant à un échange « discret » d'informations illégales ou personnelles. Cette pratique, établie par les hackers, apparaît avec les premiers ordinateurs domestiques. Le hacking peut se définir également comme un ensemble de techniques permettant d'exploiter les failles et vulnérabilités d'un élément ou d'un groupe d'éléments matériels ou humains.

En sécurité informatique, un hacker, francisé hackeur ou hackeuse, est un spécialiste d'informatique, qui recherche les moyens de contourner les protections logicielles et matérielles. Il agit par curiosité, en recherche de gloire, par conscience politique ou bien contre rémunération.

Si vous aimez l'informatique et que vous êtes curieux, alors vous voudrez peut-être apprendre les bases du hacking, ne serait-ce qu'afin de pouvoir faire face à des intrusions informatiques que ce soit dans votre sphère privée ou dans le cadre de votre entreprise.

Sur Google, tapez : « *comment débuter comme hacker* ».

Vous verrez qu'on trouve pas mal de choses intéressantes : articles, vidéos par exemple.

Il m'est arrivé de devoir supprimer ou modifier le mot de passe d'un compte Windows car l'utilisateur l'avait oublié. Je ne sais pas si cracker un mot de passe est du ressort du hacker mais ce sont des choses qui peuvent être utiles tant qu'elles restent dans le cadre de la loi de votre pays.

Dans de nombreux pays, comme la Chine ou la France, il existe des écoles où l'on forme des hackers afin qu'ils travaillent dans la cybersécurité pour protéger leur pays ou attaquer des pays ennemis.

A l'heure où j'écris ces lignes, nous sommes en décembre 2019 et je ne sais pas encore si je dois développer cette rubrique sur le hacking.

J'ai commencé l'informatique il y a très longtemps dans la programmation et à un moment on m'avait demandé d'écrire une bombe logique qui devait supprimer des fichiers si une condition n'était plus remplie.

Je pense que nous avons tous une conscience qui nous dit ce que l'on a le droit de faire ou de ne pas faire.

Je vais réfléchir à ce que je vais pouvoir écrire sur le sujet mais en attendant, cherchez par vous-même si vous êtes intéressé.

En tout cas, mon premier conseil serait que vous commencez à avoir la maîtrise complète de votre propre ordinateur. Cela me semble un bon début.

Linux

Le système d'exploitation Linux n'était pas au programme de ce livre mais j'ai décidé d'acquérir un PC portable sous Linux et de commencer à en vous parler dans les mois et les années qui viennent.

D'après mon expérience récente avec Linux, tous nos jeux vidéo ne tournent pas et certains s'affichent dans une fenêtre réduite par rapport à la t'aille de l'écran.
Linux n'est clairement pas fait pour les gamers.
Mon fils qui joue chaque jour sur un PC de gamer (sous Windows) ou sur ses téléphones portables n'envisage pas de jouer sous Linux bien que certains jeux vidéo passent très bien sans aucun lag.
Il est vrai que notre PC portable HP sous Linux est très puissant.

Linux est très puissant et très sécure, mais c'est surtout un OS pour travailler en bureautique (ou pour faire du hacking éthique) mais

pas pour du gaming (même si la plateforme Steam et beaucoup de jeux tournent sous Linux).
J'ai toujours un PC de gamer sous Windows.

Le shell et GNOME

Pour ne pas que vous fassiez la même erreur que moi, je vais définir une fois pour toute ce qu'est GNOME et ce qu'est le Shell.

GNOME, acronyme de GNU Network Object Model Environment, est un environnement de bureau libre convivial dont l'objectif est de rendre accessible l'utilisation du système d'exploitation GNU au plus grand nombre ; cette interface est actuellement populaire sur les systèmes GNU/Linux et fonctionne également sur la plupart des systèmes de type UNIX.

GNOME est développé par The GNOME Project dont les participants sont bénévoles ou rémunérés par des entreprises externes au projet. La majorité du travail est fournie par les contributeurs professionnels, en premier lieu ceux travaillant pour Red Hat. GNOME est l'environnement de bureau utilisé par défaut dans plusieurs distributions Linux, tels Ubuntu, Fedora et Manjaro Linux.

GNOME correspond donc à l'interface Windows.

Shell signifie enveloppe ou coque en français : à l'inverse du noyau d'un ordinateur, le shell désigne la couche la plus haute de toutes les interfaces des systèmes Unix (Linux, macOS)

Un shell Unix est un interpréteur de commandes destiné aux systèmes d'exploitation Unix et de type Unix qui permet d'accéder aux fonctionnalités internes du système d'exploitation. Il se présente sous la forme d'une interface en ligne de commande accessible depuis la console ou un terminal. L'utilisateur lance des commandes sous forme d'une entrée texte exécutée ensuite par le shell. Dans les différents systèmes d'exploitation Microsoft Windows, le programme analogue est command.com, ou cmd.exe.

Les systèmes d'exploitation de type Unix disposent le plus souvent d'un shell. À l'origine, l'interpréteur de commandes par défaut était sh, qui donna naissance à de nombreuses variantes, dont csh, étendu en tcsh, ou ksh, ou encore rc... Mais aujourd'hui bash, s'inspirant de sh, ksh, et csh, est le shell le plus répandu, bien qu'il existe d'autres interpréteurs de commandes, comme zsh, ou ash.

Le shell linux est donc la ligne de commande ou l'interface non graphique de linux, une fenêtre dans laquelle on tape des lignes de commande comme avec cmd sous Windows.
En ce qui me concerne, cela me rappelle DOS sur IBM PC.

Ci-dessous Tux (le pingouin de Linux) face au papillon de Windows.

Pour connaître sa version de Linux, taper les commandes :
    cat /proc/version

cat /etc/issue

cat /etc/debian_version

ou cat /etc/os-release

```
Fichier  Édition  Affichage  Rechercher  Terminal  Aide
administrateur@pc-linuxshop-9865:~$ cat /etc/os-release
NAME="Linux Mint"
VERSION="20.2 (Uma)"
ID=linuxmint
ID_LIKE=ubuntu
PRETTY_NAME="Linux Mint 20.2"
VERSION_ID="20.2"
HOME_URL="https://www.linuxmint.com/"
SUPPORT_URL="https://forums.linuxmint.com/"
BUG_REPORT_URL="http://linuxmint-troubleshooting-guide.readthedocs.io/en/latest/"
PRIVACY_POLICY_URL="https://www.linuxmint.com/"
VERSION_CODENAME=uma
UBUNTU_CODENAME=focal
administrateur@pc-linuxshop-9865:~$ []
```

Pour quitter proprement la fenêtre de commande (le shell), j'ai l'habitude de taper exit.

Attention avec les commandes Linux, elles sont très puissantes.

La commande man est disponible sous Linux et permet de visionner le manuel d'une commande ou le manuel d'un fichier de configuration. Celle-ci est très utile pour obtenir des informations complètes.

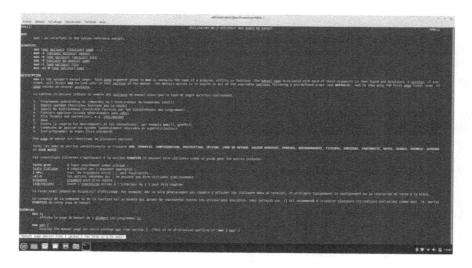

Commande sous dos ou NT4, on utilise la commande cd pour se déplacer sous Linux sur le disque dur en mode terminal

```
Fichier   Edition   Affichage   Rechercher   Terminal   Aide
dministrateur@pc-linuxshop-9865:~$ cd --help
d: cd [-L|[-P [-e]] [-@]] [rép]
    Change le répertoire de travail du shell.

    Change le répertoire actuel vers DIR.  Le répertoire DIR par défaut
    est donné par la variable « HOME » du shell.

    La variable CDPATH définit le chemin de recherche du répertoire contenant
    DIR. Les noms de répertoires alternatifs dans CDPATH sont séparés par un deux-point « : ».
    Un nom de répertoire vide est identique au répertoire actuel.  Si DIR commence
    avec une barre oblique « / », alors CDPATH n'est pas utilisé.

    Si le répertoire n'est pas trouvé et que l'option « cdable_vars » du shell est définie,
    alors le mot est supposé être un nom de variable. Si la variable possède une valeur,
    alors cette valeur est utilisée pour DIR.

    Options :
      -L        force le suivi des liens symboliques : résout les liens symboliques dans
                DIR après le traitement des instances de « .. »
      -P        utilise la structure physique des répertoires sans suivre les liens
                symboliques : résout les liens symboliques dans DIR avant le traitement des
                instances de « .. »
      -e        si l'option -P est fournie et que le répertoire de travail actuel ne peut pas
                être déterminé avec succès, alors sort avec un code de retour non nul
      -@  sur les systèmes qui le supporte, présente un fichier avec des attributs
                étendus comme un répertoire contenant les attributs du fichier

    Le comportement par défaut est de suivre les liens symboliques, comme si « -L » était précisé
    « .. » est traité en retirant le composant immédiatement avant dans le chemin jusqu'à
    la barre oblique ou le début de DIR.

    Code de sortie :
    Renvoie 0 si le répertoire est changé et si $PWD est correctement défini
    quand -P est utilisé ; sinon autre chose que 0.
dministrateur@pc-linuxshop-9865:~$ []
```

Dans le terminal (fenêtre shell de commandes), la commande ls est l'une des commandes les plus utiles

249

```
administrateur@pc-linuxshop-9865:~$ ls --help
Utilisation : ls [OPTION]... [FICHIER]...
Afficher des renseignements sur les FICHIERs (du répertoire actuel par défaut).
Trier les entrées alphabétiquement si aucune des options -cftuvSUX ou --sort
ne sont utilisées.

Les arguments obligatoires pour les options longues le sont aussi pour les
options courtes.
  -a, --all                  ne pas ignorer les entrées débutant par .
  -A, --almost-all           ne pas inclure . ou .. dans la liste
      --author               avec -l, afficher l'auteur de chaque fichier
  -b, --escape               afficher les caractères non graphiques avec des
                             protections selon le style C
      --block-size=TAILLE    avec -l, dimensionner les tailles selon TAILLE avant
                             de les afficher. Par exemple, « --block-size=M ».
                             Consultez le format de TAILLE ci-dessous
  -B, --ignore-backups       ne pas inclure les entrées se terminant par ~ dans
                             la liste
  -c                         avec -lt : afficher et trier selon ctime (date de
                             dernière modification provenant des informations
                             d'état du fichier) ;
                             avec -l : afficher ctime et trier selon le nom ;
                             autrement : trier selon ctime, le plus récent en
                             premier
  -C                         afficher les noms en colonnes
      --color[=QUAND]        colorer la sortie ; QUAND peut être « always »
                             (toujours, valeur par défaut si omis), « auto »
                             (automatique) ou « never » (jamais) ; voir
                             ci-dessous pour plus d'informations
  -d, --directory            afficher les noms de répertoires, pas leur contenu
  -D, --dired                générer une sortie pour le mode « dired » d'Emacs
  -f                         ne pas trier, activer -aU, désactiver -ls --color
  -F, --classify             ajouter un indicateur (parmi */=>@|) aux entrées
      --file-type            identique mais sans ajout de « * »
      --format=MOT           « across » -x (croisé), « commas » -m (avec
                             virgules), « horizontal » -x (horizontal),
                             « long » -l (long), « single-column » -1 (une
                             seule colonne), « verbose » -l (bavard),
                             « vertical » -C (vertical)
      --full-time            identique à -l --time-style=full-iso
  -g                         identique à -l mais sans afficher le propriétaire
      --group-directories-first
                             regrouper les répertoires avant les fichiers ; peut
                             être augmenté avec une option --sort, mais
                             l'utilisation de --sort=none (-U) inhibe le
                             regroupement
  -G, --no-group             dans une longue liste, ne pas afficher les noms de
                             groupes
  -h, --human-readable       avec -l ou -s, afficher des tailles telles que
                             1K, 234M, 2G, etc.
      --si                   similaire, mais utiliser une puissance de 1 000 au
                             lieu de 1 024
  -H, --dereference-command-line
                             suivre les liens symboliques en ligne de commande
      --dereference-command-line-symlink-to-dir
                             suivre tous les liens symboliques en ligne de
                             commande qui pointent vers un répertoire
      --hide=MOTIF           ne pas afficher les entrées implicites
```

250

La commande pwd affiche le chemin absolu du répertoire courant.

```
Fichier   Édition   Affichage   Rechercher   Terminal   Aide
administrateur@pc-linuxshop-9865:~$ pwd
/home/administrateur
administrateur@pc-linuxshop-9865:~$ []
```

En tapant pwd -help j'obtiens les options disponibles sur la commande pwd

```
Fichier   Édition   Affichage   Rechercher   Terminal   Aide
administrateur@pc-linuxshop-9865:~$ pwd
/home/administrateur
administrateur@pc-linuxshop-9865:~$ pwd -help
bash: pwd: -h : option non valable
pwd : utilisation : pwd [-LP]
administrateur@pc-linuxshop-9865:~$ []
```

La commande Ctrl L correspond à la commande clear, c'est un raccourci.

Après avoir fait un Ctrl + L, j'ai tapé la commande help

Pour avoir des infos succinctes sur la commande kill, je tape : help kill

J'ai tapé : man kill pour des explications sur la commande kill

ssh pour secure shell permet de se connecter au shell d'un ordinateur distant et d'y exécuter des commandes.

On voit ici que Linux est très puissant pour prendre la main sur des ordinateurs distants (serveurs ou clients).

```
Fichier  Edition  Affichage  Rechercher  Terminal  Aide
administrateur@pc-linuxshop-9865:~$ ssh --help
unknown option -- -
usage: ssh [-46AaCfGgKkMNnqsTtVvXxYy] [-B bind_interface]
           [-b bind_address] [-c cipher_spec] [-D [bind_address:]port]
           [-E log_file] [-e escape_char] [-F configfile] [-I pkcs11]
           [-i identity_file] [-J [user@]host[:port]] [-L address]
           [-l login_name] [-m mac_spec] [-O ctl_cmd] [-o option] [-p port]
           [-Q query_option] [-R address] [-S ctl_path] [-W host:port]
           [-w local_tun[:remote_tun]] destination [command]
administrateur@pc-linuxshop-9865:~$ []
```

Sous Linux, pensez à vider la corbeille. Celle-ci ne figure pas sur le bureau Ubuntu. Allez dans Fichiers (menu Ubuntu) puis clic droit sur Corbeille.

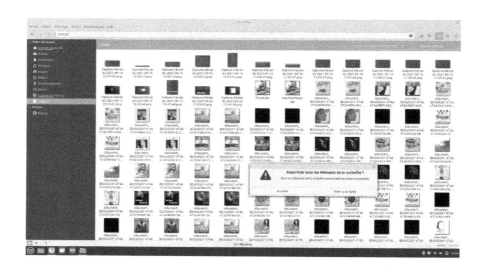

Paquet cassé / Mise à jour impossible

Si vous avez un problème de paquet cassé qui vous empêche de faire les mises à jour Linux ou installer des applications à partir de la logithèque.
Passez en mode commande, tapez :
sudo apt-get update
sudo apt-get upgrade

Vous pouvez regardez des tutos Linux sur Youtube ou acheter un livre sur Linux. Il faut toujours du temps pour acquérir de nouvelles compétences mais au final, on y gagne toujours.

254

Linux shop

Il n'est pas facile d'acheter des ordinateurs sous Linux aussi je vais vous faire part de mon expérience en la matière.

J'ai acheté mon PC portable Linux à la boutique www.linuxshop.fr

Il n'y a pas beaucoup de vendeurs d'ordinateurs sous Linux, aussi, je tenais à vous faire part de celui que je connais.

Si on était plus d'utilisateurs à acheter des PC sous Linux, il y aurait plus de distributeurs.

En ce qui me concerne, cela faisait longtemps que je pensais acquérir un ordinateur sous Linux, mais cela représente un investissement et on n'est pas sûr d'avoir les mêmes possibilités qu'avec Windows, aussi j'ai hésité très longtemps avant de faire le pas. Aujourd'hui, j'ai décidé que j'aurai autant de PC sous Linux que j'en ai sous Windows mais je vais continuer à donner plus de place à Windows dans ce livre car vous êtes au moins 80% à utiliser le système d'exploitation Windows plutôt qu'un autre OS.

Le PC portable que j'ai acheté à Linux Shop est un HP de 17 pouces qui m'a coûté un peu plus de 1000 euros et ses seuls défauts sont de n'avoir que 2 prises USB et aucun lecteur de CD/DVD.

Comme Linux Shop vend beaucoup et que les stocks tournent vite, le modèle que j'ai acheté n'est plus en vente actuellement, mais vous trouverez d'autres modèles de PC portables ici :
http://www.linuxshop.fr/ordinateur-portable-linux.html

Ensuite, rien ne vous empêche de préférer acheter une unité centrale sur mesure ainsi vous pourrez disposer d'un lecteur de CD/DVD et de plusieurs ports USB par exemple.
http://www.linuxshop.fr/unite-centrale-sur-mesure.html#config=89-94-400-98-0

Vous remarquerez que PC Linux vous laisse choisir la distribution Linux que vous souhaitez parmi de nombreuses distributions francophones.

Si vous n'êtes pas un expert de Linux, je vous conseille de choisir la distribution Linux Mint – Cinnamon.
Cette distribution ressemble assez à Windows, ce qui fait que vous ne serez pas trop dépaysé.

L'auteur de ce livre

Ancien militaire, je suis devenu à la fois informaticien et agent de sécurité. J'estime qu'il n'est jamais trop tard pour acquérir de nouvelles compétences et si l'on veut faire face à un avenir qui s'annonce plus qu'incertain, il est primordial de continuer à se former.

Aujourd'hui, l'informatique est partout présente et ce domaine n'est pas si compliqué qu'on veut nous le faire croire. A l'aide de ce livre, j'espère que vous saurez vous débrouillez mais si vous souhaitez développer votre propre site internet ou même un blog, vous aurez sans doute besoin de compétences supplémentaires.
Sachez que je peux également vous aider dans ces domaines puisque j'ai créé l'association pour la visibilité sur internet et je maitrise la plupart des métiers de l'internet comme j'ai maitrisé la plupart des métiers de l'informatique.

J'ai décidé que ce manuel serait réactualisé régulièrement en fonction des nouveautés sur le plan technique mais aussi en

fonction de vos demandes. Aussi, je vous invite à m'écrire à l'adresse email de mon association cumps.association@gmail.com ou à partir du blog de l'association http://cumps-association.blogspot.com
Je vous remercie d'avance pour vos contributions.

Thierry Cumps

Fin

Vous trouverez d'autres livres en version PDF, eBooks ou papier sur le lien suivant :
https://thierry-cumps.blogspot.com/p/mes-livres.html

et surtout, sur le site d'Amazon en tapant Thierry Cumps dans la zone de recherche.

Bon avenir, tant qu'il vous en reste un !

Thierry Cumps

Ce guide est régulièrement mis à jour par son auteur.

Dernier conseil, je tiens un blog sur lequel vous trouverez beaucoup de tutos informatiques :
https://manuels-informatiques.blogspot.com